WINAND VON PETERSDORFF

DAS GELD REICHT NIE

WINAND VON PETERSDORFF

DAS GELD REICHT NIE

WARUM T-SHIRTS BILLIG, HANDYS UMSONST UND POPSTARS REICH SIND

EIN WIRTSCHAFTSBUCH FÜR JUGENDLICHE

Frankfurter Allgemeine Buch

Bibliografische Informationen der Deutschen Nationalbibliothek
Die Deutsche Nationalbibliothek verzeichnet diese Publikation in
der Deutschen Nationalbibliografie; detaillierte bibliografische
Daten sind im Internet über http://dnb.ddb.de abrufbar.

Winand von Petersdorff

Das Geld reicht nie

Warum T-Shirts billig, Handys umsonst und Popstars reich sind

F.A.Z.-Institut für Management-,
Markt- und Medieninformationen GmbH
Frankfurt am Main 2008
2. Auflage

ISBN 978-3-89981-150-6

𝔉𝔯𝔞𝔫𝔨𝔣𝔲𝔯𝔱𝔢𝔯 𝔄𝔩𝔩𝔤𝔢𝔪𝔢𝔦𝔫𝔢 Buch

Copyright	F.A.Z.-Institut für Management-, Markt- und Medieninformationen GmbH Mainzer Landstraße 199 60326 Frankfurt am Main
Umschlaggestaltung	F.A.Z., Verlagsgrafik
Illustrationen	Karsten Schreurs, GROBI Grafik & Illustration
Satz Innen	Nicole Bergmann
Druck	Messedruck Leipzig GmbH, Leipzig

Printed in Germany

INHALT

Für Ella, Jost, Jasper und Jakob

EINIGE WORTE VORAB

In diesem Buch wird es um Beyoncé, Ronaldinho, Handys, Adidas, Red Bull, Nutella, T-Shirts und Autos gehen. Es wird von Milliardären und armen Schluckern handeln, von armen und reichen Kindern, von Google und Daimler, von MP3-Playern und dem Internet.

Erfinder werden beschrieben, deren Entdeckungen das Leben leichter machen, und Unternehmer, die eine gute Idee riesig groß machen. Die Kraft, die diese Menschen treibt, wird untersucht. Arme werden reich in diesem Buch und Reiche werden arm.

Was außerdem noch passiert: Menschen im Alter Eurer Väter bleiben zu Hause, weil sie keine Arbeit haben. Außerdem kommen Politiker vor. Sie nehmen uns Geld weg und bezahlen Schulen, Straßen und ihr Gehalt. Ob sie das gut und gerecht machen, wird geprüft. Dann ist noch zu klären, wo das Geld herkommt. Und warum nicht jeder gleich viel hat.

Schließlich geht es noch um ein ganz besonderes Lebensgefühl. Es ist das Gefühl, genau das tun zu können, wofür man sich entschieden hat: Für eine Frisur, ein Handy, eine Ausbildung und eine Zeitung. Das Lebensgefühl heißt Freiheit. Und die hängt eng mit Geld zusammen. Und das wiederum mit der Wirtschaft.

Im Grunde ist die Angelegenheit einfach: Alle sollen satt werden, ein Dach über dem Kopf haben und Freude an ihrem Leben finden. Wie das organisiert werden kann, auch darum geht es in der Wirtschaft, und darum geht es in diesem Buch.

Von allem gibt es immer zu wenig

Meine Tochter Ella hat ein Problem. Jede Woche besucht sie einmal den Klarinettenunterricht und dreimal das Basketballtraining. Als Schülerin muss sie Hausaufgaben machen. Hin und wieder soll sie im Haushalt helfen. Schließlich braucht sie Zeit zum Chillen, zum Chatten, zum Shoppen und um sich mit Freunden zu treffen. Sie würde gerne zusätzlich noch Saxophon lernen, Gesangsstunden nehmen, bei einer Musicalaufführung mitmachen, regelmäßig reiten, schwimmen und öfter ausschlafen.

Ella bräuchte für ihr Wunschprogramm doppelt soviel Zeit, wie sie hat. Auch mehr Geld wäre nötig, denn Reitstunden sind nicht umsonst. Und ein Chauffeur wäre nicht schlecht, der sie schnell zu ihren Terminen bringt. Meistens sind die Wünsche einer Person größer als ihre Fähigkeiten und Mittel, diese zu erfüllen. Knappheit nennen das die Leute, die sich mit Wirtschaft wissenschaftlich befassen.

Meine 16-jährige Tochter hat also genau dieses Knappheitsproblem: Ihr fehlen Zeit und Geld. Sie ist damit ein ganz normaler Mensch. Alle Menschen wollen immer mehr von Irgendetwas: Mehr Zeit, mehr Schnitzel, mehr Cola, mehr Autos, mehr Gesundheit, mehr Liebe, mehr Benzin, mehr saubere Luft, mehr Ferien, mehr Tickets für das Champions-League-Finale oder

mehr Schokolade. Wie dieses Problem meiner Tochter und all ihrer Mit-
menschen am besten gelöst oder zumindest behandelt werden kann, davon
handelt die Wirtschaft.

Kuchen statt Brötchen oder: Was kostet die Welt?

Knappheit zwingt dazu, Entscheidungen zu treffen. Wenn Ella das Basketballtraining besucht, dann fehlt ihr die Zeit an anderer Stelle. Wenn sie einmal in der Woche zu H & M geht, spart sie nicht genügend Geld für einen
iPod. Jede Entscheidung für irgendetwas kostet. Und das ist schon einer der

wichtigsten Gedanken der Wirtschaftwissenschaft – oder der Ökonomie, wie sie auch genannt wird.

Wir denken uns in eine Bäckerei hinein, die genau 50 Kilogramm Mehl und ein paar andere Zutaten im Lager hat. Der Bäcker hat zwei Möglichkeiten, das Mehl zu verbacken: Brot oder Kuchen. Die Entscheidung hat schwerwiegende Folgen: Mit jedem Kuchen, den er backt, kann er weniger Brot backen. Und umgekehrt.

Das ist ein Resultat des Mangels. Mehl ist nicht unendlich vorhanden. Zeit auch nicht. Deswegen erfordert die Entscheidung gleichzeitig einen Verzicht. Einfacher gesagt: Jede Wahl kostet. Die Ökonomen sagen, jede Entscheidung erzeugt „Opportunitätskosten". Mit diesem Wort meinen sie nicht unbedingt Geldbeträge. Kosten sind in einem umfassenderen Sinn gemeint: Sie bezeichnen den Wert einer entgangenen Möglichkeit.

Ein anderes Beispiel verdeutlicht das: Ein Schüler will sich auf eine Mathematikprüfung am nächsten Tag vorbereiten. Die Vorbereitung kostet ihn einen Teil seines Nachtschlafes. Außerdem muss er seiner Freundin absagen, mit der er verabredet war. Ein guter Schlaf und ein Treffen mit der Freundin sind die Opportunitätskosten des Mathelernens. Ist die Freundin nachtragend und schlecht gelaunt beim nächsten Rendezvous, vergrößern sich die Opportunitätskosten des Schülers noch.

In anderen Worten: Die Kosten entstehen, weil man sich entscheiden muss, weil man nicht alles haben kann: Das Leben ist kein Kindergeburtstag, kein Wunschkonzert. Es ist eben nicht alles unendlich vorhanden.

Die drei Fragen der Ökonomie

Drei Fragen beschäftigen die Ökonomen, wenn sie das Wirtschaftsleben betrachten.

Erstens: Was und wie viel soll von einer Sache hergestellt und angeboten werden? Mit dieser Frage schlagen sich Betriebe wie die Bäckerei herum – Kuchen oder Brot? – genauso wie andere Unternehmen oder Regierungen rund um den Globus: Soll Erdöl für die Herstellung von Benzin genommen werden oder für die Produktion von Plastikblumen? Soll aus Stahl ein Auto werden oder ein Taschenmesser? Soll auf dem Grundstück in der Innenstadt eine Schule, eine Bank oder eine Diskothek gebaut werden?

Dies nächste, zweite Frage lautet: Wer übernimmt die Herstellung? Der Bäcker oder die Brotfabrik? Japan oder Deutschland? Brasilien oder Mecklenburg-Vorpommern? Die Regierung oder der Privatmann?

Und schließlich die dritte Frage: Wie kann alles verteilt werden? Wer kriegt wie viel von was?

Die drei Probleme kreisen um den Kern der Ökonomie: Es geht um den sorgsamen Umgang und die sinnvolle Verteilung von allem, was knapp ist.

… und drei mögliche Antworten

Nüchtern betrachtet gibt es drei Möglichkeiten, die großen Fragen zu beantworten.

1. Rohe Gewalt

Man erobert einfach, was man sonst nicht bekommen kann. Das ist immer noch üblich auf der Welt. Es gibt Kriege um Diamantenfundstellen, um Ölquellen, um Wassernutzungsrechte und manchmal um Land. Wahrscheinlich geht es bei den meisten Kriegen der Welt vor allem darum, ein größeres Stück vom Kuchen zu bekommen. Auch Bank- oder Tankstellenüberfälle sind nach wie vor üblich.

2. Der Staat bestimmt

Der Staat könnte festlegen, wer welches Getreide anbaut, wie viel Mehl und Brot draus wird und wie es verteilt wird. Das ist Planwirtschaft. Das klingt vernünftig. Doch man hat festgestellt, dass die Staaten das nicht gut können. Bis 1990 herrschten in Osteuropa Planwirtschafts-Systeme. Sie scheiterten aus vielen Gründen. Ein Grund war: Die Leute hatten auch die Nase voll, dass sie immer so lange Schlange stehen mussten, um ganz normale Sachen wie Fleisch und Käse zu kaufen.

Die Versorgung in den Ländern funktionierte nicht, selbst in Ostdeutschland nicht, das damals noch DDR (Deutsche Demokratische Republik) hieß. Und das, obwohl es ähnliche Startbedingungen hatte wie Westdeutschland.

Planwirtschaft bedeutet zentrale Planung. Behörden überlegten sich, was die Leute wohl brauchten. Doch die Pläne waren starr. Und noch ein Problem gab es: Wenn einer besonders fleißig war, dann hatte er davon nichts. Er bekam vielleicht einen Orden, aber nicht mehr Lohn. Das System belohnte Tüchtigkeit nicht und war schlecht informiert über die Wunsche der Menschen.

3. Und schließlich gibt es den Marktmechanismus

Man stellt sich die ganze Welt als Marktplatz vor, auf dem Käufer und Verkäufer sich treffen und Preise für Sachen aushandeln, die sie kaufen und verkaufen wollen. Die Schokolade, das Grundstück oder das Erdöl bekommt der, der am meisten dafür zahlt. Im Prinzip herrscht dieses System, mehr oder weniger funktionierend, in Europa, in Amerika und anderswo. Man nennt es Marktwirtschaft.

Einen Markt gibt es in jeder Stadt meistens kurz vor dem Wochenende. Doch wenn Ökonomen von Markt reden, meinen sie alle Orte dieser Welt (auch die im Internet), an denen mindestens ein Käufer auf mindestens einen Verkäufer trifft.

Die Ökonomen stellen sich vor, dass die gesamte Marktwirtschaft im Prinzip genauso funktioniert wie der Wochenmarkt.

In Deutschland herrscht Marktwirtschaft. Deshalb wollen wir dieses System zur Versorgung der Menschen mit Gütern (alles, was man anfassen kann) und Dienstleistungen (alles, wofür man bezahlen muss, ohne dass man es anfassen kann, zum Beispiel der Besuch beim Friseur), genauer untersuchen. Wir beginnen mit dem, was hinten herauskommt, den Produkten, und aus der Sicht desjenigen, der kauft: des Kunden.

Der Markt: Oder wieso sind die Regale im Supermarkt so voll?

Die Reise in die Welt der Wirtschaft beginnt in einem typischen deutschen Supermarkt. Wir stellen fest, dass die Regale dort gefüllt sind. 30 Sorten Käse, 40 Sorten Wurst, Süßigkeiten aller Art, Getränke, Tiefkühlpizza, Obst und alles, was man zum Waschen und Baden braucht, findet man dort. Und noch mehr.

Wie war das noch mal mit der Knappheit? Die Regale sind doch bestens gefüllt? Das stimmt zwar. Aber die Knappheit wird trotzdem empfunden, vom möglichen Käufer nämlich. Denn die Pizza gehört ja noch nicht dem, der sie haben will.

Trotzdem liegt die Frage nahe. Wie kommt es, dass das Sortiment eines normalen Supermarktes so riesig ist, zumindest in reichen Ländern?

Angestellte, manchmal Schüler, füllen die Regale. Sie machen das, weil sie dafür bezahlt werden. Klar. Doch wer plant das, wer bestimmt und warum?

Fest steht: In Deutschland entscheidet keine Regierung, kein Parlament und kein Beamter über die Sortimente im Supermarkt. Die Entscheidung trifft der Supermarktbesitzer. Er sorgt für genug Brot, Marmelade und Tiefkühlpizza. Die Entscheidung fällt er, weil er sich davon etwas verspricht: Er glaubt, die Waren verkaufen zu können und damit Geld zu verdienen.

Der Supermarktbesitzer muss dazu die Ware zunächst selbst einkaufen. Er kauft Marmelade zum Beispiel für 1 Euro das Glas ein und verkauft sie für 1,69 Euro. 69 Cent bleiben also erst einmal für ihn. Wenn er am Tag 30 Marmeladengläser verkauft, summiert sich das zu rund 20 Euro.

Und: Der Supermarktbesitzer verkauft nicht nur Marmelade, sondern auch noch Kaffee, Süßigkeiten und so weiter. Aldi-Filialen haben rund 800 verschiedene Produkte in den Regalen, klassische Rewe- und Tengelmann-Märkte bis zu 3.000 Artikel, mit denen sie Geschäfte machen.

Geld bleibt für den Supermarkt-Chef unter einer Bedingung übrig: Er verkauft die Produkte teurer, als er sie einkauft. Der Kaufmann will Gewinn machen, und zwar möglichst viel davon: Gewinn ist der Rest, der übrig bleibt, wenn er von seinen gesamten Einnahmen seine gesamten Ausgaben abzieht. Kürzer gesagt: Gewinn gleich Einnahmen minus Ausgaben.

Ausgaben hat er nicht nur, weil er die Marmelade selbst beim Großhändler oder bei der Marmeladenfabrik einkaufen muss. Er muss auch seine Kassiererinnen bezahlen, den Strom für Licht und Heizung, die Preisetikettiermaschine und die Scannerkasse. Der Chef hat deshalb ein Ziel: Er will seine Preise für Marmelade und alle anderen Produkte so hoch setzen, dass für ihn möglichst viel Gewinn übrig bleibt.

Auf den ersten Blick scheint Supermarkt kein schlechtes Geschäft zu sein. Es gibt viele Supermärkte in Deutschland. Und es kommen jede Woche neue hinzu. Warum das Geschäft vielleicht doch nicht so gut ist, wird später klar.

Der Egoismus des Kaufmanns

Dass die Regale gut gefüllt sind, hat etwas mit dem Willen und dem Gespür des Supermarktbesitzers zu tun. Er sorgt zuverlässig für Nachschub. Aber nicht ausschließlich, weil er seine Kunden glücklich machen will. Er will Geld verdienen und Gewinn machen. Das ist Egoismus.

Ökonomen glauben, dass die Menschen von Grund auf eigennützig sind. Und sie nehmen an, dass dieser Eigennutz eine der Hauptursachen ist, warum ein Markt funktioniert: Der Kaufmann will viel Geld für sich und seine Familie einnehmen. Deswegen sucht er Produkte – Schokoladenriegel oder Tütensuppen, Zahnpasta oder Spaghetti –, die andere Menschen haben wollen. Er stellt sie ins Regal und bietet sie ihnen zum Verkauf an. Ganz schlicht ausgedrückt: Sein Egoismus macht die Regale voll.

1 WAS IST WIRTSCHAFT

„Nicht vom Wohlwollen des Metzgers, Brauers und Bäckers erwarten wir das, was wir zum Essen brauchen, sondern davon, dass sie ihre eigenen Interessen wahrnehmen. Wir wenden uns nicht an ihre Menschen-, sondern an ihre Eigenliebe, und wir erwähnen nicht die eigenen Bedürfnisse, sondern sprechen von ihrem Vorteil." Formuliert hat diesen Satz Adam Smith, der als Vordenker der Wirtschaftswissenschaft gilt. Der schottische Philosoph, der von 1723 bis 1790 gelebt hat, schrieb die Worte in seinem Hauptwerk „Der Wohlstand der Nationen. Die Untersuchung seiner Natur und seiner Ursachen".

Ökonomen haben also ein simples Menschenbild: Sie glauben, dass die Menschen immer die Möglichkeit wählen, die für sie die nützlichere ist. Tütensuppen verkaufen ist für den Kaufmann nützlicher als Tütensuppen verschenken.

Das bedeutet nicht, dass Menschen im Weltbild der Ökonomen kaltherzig sind. Denn der Nutzen des einen ist nicht unbedingt der Schaden des anderen. Im Gegenteil: Der Händler liefert Tütensuppen, weil er auf mein Geld scharf ist. Ich gebe ihm mein Geld, weil ich auf seine Tütensuppen scharf bin. Beide, ich und er, sind wir nach dem Geschäft ein Stück zufriedener. Trotzdem ist es ein bisschen beunruhigend, dass das Streben nach Eigennutz die wichtigste Antriebskraft der Menschen sein soll. Wer schützt die Kunden davor, dass die Unternehmer machen, was sie wollen?

Die Preise von Beyoncé, den Rolling Stones oder die Macht der Nachfrage: Wie man Egoisten zähmt

In Frühjahr 2007 tourte die Sängerin Beyoncé Knowles durch Deutschland. In vier Städten machte sie Station. Die Hallen fassten zehntausende Plätze. Die Karten kosteten zwischen 50 und 90 Euro. Das ist viel Geld für die zumeist 12 bis 16 Jahre alten Besucher. Trotzdem waren die Konzerte schnell ausverkauft.

Wie begehrt die Karten waren, zeigte sich im Internetauktionshaus Ebay, wo 70-Euro-Karten für 100 Euro gehandelt wurden. Vor der Frankfurter Festhalle standen am Konzerttag Leute, die ihre Karten für 150 bis 250 Euro weiter verkaufen wollten.

Die Karten waren knapp. Und mehr gab es nicht. Deshalb wetteiferten die Leute um die wenigen Karten, die noch da waren. Jeder versuchte, dem Kartenbesitzer mehr Geld zu bieten als die anderen. So stieg der Preis der Karte. Sie ging schließlich an den, der am meisten dafür bot.

Die Regel dazu lautet: Übersteigt die Nachfrage (nach Karten) das Angebot (an Karten), dann steigt der Preis solange, bis die überzähligen Nachfrager abgesprungen sind und die Nachfrage (nach Karten) gleich dem Angebot (nach Karten) ist.

Wenn doch alle Beyoncé lieben, hätte sie möglicherweise die Tickets für ihre Konzerte noch teurer machen können, um mehr Geld zu verdienen. Warum hat sie das nicht gemacht?

Sie und ihr Manager haben sich das genau überlegt. Sie werden zum Beispiel darüber nachgedacht haben, wie viel Geld ihr Publikum im Monat übrig hat.

Eine Überlegung lautet: Die meisten Fans sind auf Taschengeld angewiesen. Wissenschaftler haben Folgendes herausgefunden: Zehn- bis Dreizehnjährige haben im Schnitt rund 28 Euro Taschengeld im Monat. Dazu kommen noch Geldgeschenke: Ungefähr 80 Euro zu Weihnachten und 80 Euro zum Geburtstag. Fürs Handy geben die Jugendlichen im Monat 13 Euro aus. Eltern legen noch einmal das Gleiche drauf.

Wird Beyoncé zu teuer, verlieren selbst große Anhänger das Interesse an ihr. Denn sie wollen trotzdem weiter nicht aufs Handytelefonieren verzichten und trotzdem weiter ab und zu mal ins Kino gehen können. Die Freiheit der 1981 geborenen Sängerin, Tickets teuer zu machen, wird begrenzt durch das Taschengeld ihrer treuen Kunden.

Der knapp 40 Jahre ältere Sänger Mick Jagger kann es sich leisten, rund 190 Euro für den besten Sitzplatz bei einem Konzert mit seiner Gruppe Rolling Stones in einem Fußballstadion zu verlangen.

Die Anhänger der älteren Herren sind zwischen 25 und 65 Jahre alt und längst nicht mehr aufs Taschengeld angewiesen. Wer viel Geld hat, kann mehr ausgeben, zum Beispiel für Konzerte.

Es könnte aber noch eine andere Erklärung für den Preisunterschied zwischen Beyoncé-Karten und Stones-Karten geben, die der amerikanische Ökonom Steven E. Landsburg aufgeschrieben hat. Beyoncé ist einigermaßen billig, weil ihre jugendlichen Fans gerne neben dem Ticket noch Beyoncé-T-Shirts, Beyoncé-Bücher oder Beyoncé-Düfte kaufen. Die Sängerin kommt auch so auf ihren Schnitt. Stones-Fans kaufen zusätzlich nur Bier.

Grundsätzlich stehen Beyoncé und Mick Jagger aber trotzdem vor folgendem Zwiespalt: Verlangen sie zu viel Geld für das Ticket, bricht auch ihnen das Publikum weg. Verlangen sie zu wenig Geld, bricht ihnen der Gewinn weg. Beyoncé muss genauso praktisch denken wie ein Bäcker oder ein Kaufmann. Das tut sie auch.

Offensichtlich hängen Preis und Nachfrage (Kaufwunsch) zusammen. Kunden kaufen etwas, wenn sie es haben wollen und wenn sie Geld dafür locker machen können. Der Anbieter hingegen setzt den Preis hoch genug, damit für ihn Gewinn bleibt, und so hoch wie gerade möglich, ohne Kunden abzuschrecken. Er will für sich das Beste herausholen: Viel Gewinn.

Der Trost aus diesem Mechanismus lautet: Wir Kunden sind Verkäufern, Sängern und anderen Anbietern nicht hilflos ausgeliefert. Sie müssen aus Eigennutz unsere Wünsche und unsere Zahlungsbereitschaft ergründen und respektieren, damit sie nicht auf ihrer Ware sitzen bleiben. Es schadet ihnen, wenn sie zu viel Geld verlangen.

Beispiel Supermarkt: Seit Jahren sind die Preise dort relativ stabil. Die Waren, die man dort kaufen kann, sind heute nur 7 Prozent teurer als vor sieben Jahren. Jedes Jahr gab es nur eine kleine Preiserhöhung.

I Was ist Wirtschaft

Der Mechanismus der Macht der Nachfrage funktioniert vor allem dann, wenn es mehr als ein Geschäft gibt, das die Ware anbietet, oder wenn es mehrere Sänger gibt, die um die Gunst der gleichen jugendlichen Kundengruppe wetteifern: Dann können die Käufer sich aussuchen, wo das Produkt am billigsten ist oder welche Konzertkarten sie sich leisten können. Auf dieses Prinzip der Konkurrenz kommen wir später ausführlich zurück.

Wann kauft der Kunde und was?

Jeder, der in einem Klamottenladen oder Plattengeschäft vor der Auslage steht, weiß, dass wir Dinge nur kaufen, wenn wir zwei Fragen mit „ja" beantworten können. Erstens: Wollen wir sie wirklich haben? Und zweitens: Können wir sie uns wirklich leisten?

Erst einmal ist unsere private Wunschliste ausschlaggebend, dann der Preis. Wenn etwas zu teuer ist, dann lassen wir es stehen. Bei Schnäppchen schlagen wir zu. (Und manchmal kaufen wir sogar mehr als nötig.)

Ökonomen haben aber festgestellt, dass Menschen unterschiedliche Vorstellungen davon haben, was teuer ist. Es gibt Dinge, die trotzdem weiter gekauft werden, selbst wenn der Preis stark ansteigt. Süchtige kaufen weiter Zigaretten. Diabetes-Kranke würden Insulin kaufen, solange sie es sich gerade noch leisten können. Benzin hat sich in den vergangenen Jahren verteuert. Trotzdem wird weiter getankt.

Die Beweglichkeit hinsichtlich der Preise ist von Mensch zu Mensch verschieden. Ökonomen nennen das die „Preiselastizität der Nachfrage". Ist die Elastizität hoch, reagieren die Käufer auf kleinste Preisveränderungen des Produktes. Ist sie niedrig, dann bleiben die Käufer dem Produkt treu, selbst wenn es sehr teuer wird, wie zum Beispiel der Kranke, der sein Medikament selbst nach Preiserhöhungen kauft.

Noch etwas beeinflusst unseren Kaufwunsch. Manchmal haben wir selbst Schokolade einfach satt. Wenn wir schon zwei Tafeln gegessen haben zum Beispiel. Dann muss die dritte Tafel schon vorzüglich und besonders billig sein, damit wir sie überhaupt noch haben wollen. Das bedeutet, dass uns die erste Tafel mehr wert ist als die dritte.

Denn unsere Bereitschaft, Geld für eine Süßigkeit auszugeben, hängt von dem zusätzlichen Glücksgefühl, dem zusätzlichen Nutzen ab, den wir vom Schnitzel, dem Fahrrad, dem Schokoladenriegel erwarten.

I WAS IST WIRTSCHAFT

Und dann noch eine ganze einfache Feststellung:
Wer viel Geld hat, kann mehr kaufen

Noch etwas verändert unser Kaufverhalten. Das Geld. Haben wir viel, können wir uns viel leisten. Wir kaufen mehr und anders. Reiche Leute haben drei bis vier Autos in ihrer Garage statt einem Fahrzeug. Und sie bevorzugen die teuren Modelle statt der billigen aus Rumänien oder Korea. Mit Geld in der eigenen Kasse können wir teurere Mode kaufen und teureren Schmuck, wir machen teure Reisen und wir können unser Essen in Feinkostgeschäften statt im Billigsupermarkt holen.

Weil die Geschäftsleute das wissen, richten sie ihre Geschäfte danach aus. Sie zielen auf verschiedene Gruppen von Kunden: Es gibt teure und billige Mode, teure und billige Hotels für die weniger Reichen und für die besser Verdienenden. Und wenn viele Leute plötzlich arbeitslos und arm würden, dann würden Geschäftsleute, die auf teurere Produkte gesetzt hätten, weniger verkaufen. Langfristig zumindest. Denn kurzfristig versuchen die Leute, genauso weiter zu leben wie bisher: ins Kino gehen, in den Urlaub fahren und so weiter. Sie machen das manchmal, obwohl sie wissen, dass sie sich das nicht mehr leisten können. Warum, kann man ahnen: Sie wollen nicht, dass die Nachbarn dumme Sprüche machen.

Die Macht des Wettbewerbs

Jetzt wird es spannend. Wir haben gelernt, dass ein Händler die Wünsche der Kunden beachten muss. Er stellt ins Regal, was die Leute haben wollen. Und er muss die Zahlungsbereitschaft der Leute austesten. Aber der Unternehmer muss auch andere Kaufleute im Blick haben, wenn er mit seinem Laden und seinen Produkten überleben will. Er hat im Kampf um unser Geld Gegner. Diese Gegner wollen auch an unser Geld. Sie locken die Kunden mit dem gleichen Produkt, das sie billiger verkaufen.

Stellen wir uns fünf Jeansverkäufer vor. Jeder für sich verkauft jede Woche zuverlässig 100 Jeans für 50 Euro die Hose. Einer der Jeansverkäufer will mehr Kunden gewinnen. Er verkauft die Hosen für 40 Euro. Dann macht er weniger Gewinn pro Hose. Aber das ist ihm erst einmal egal. Wie reagieren die Kunden? Wenn es nur eine Sorte Jeans gibt, wechseln sie zum Billigladen. Wie reagiert die Konkurrenz? Wenn sie bei ihrem Preis bleibt, bleibt sie auf den Hosen sitzen. Deshalb muss die Konkurrenz auch runter mit den Preisen.

1 WAS IST WIRTSCHAFT

Wir begegnen einem der wichtigsten Mechanismen in der Wirtschaft überhaupt: dem Wettbewerb. Viele Anbieter sorgen für ein großes Angebot und kämpfen gegeneinander um den Kunden. Der Kunde hat deshalb eine Auswahl. Die Preise bleiben niedrig, weil egoistische Kaufleute miteinander wetteifern. Es ist fast ein Wunder: Es funktioniert, ohne dass ein Beamter eingreifen muss.

Je mehr Gegner oder Konkurrenten ein Kaufmann hat, desto weniger Spielraum hat er, die Preise zu erhöhen. Immer, wenn er zu teuer wird, wechseln die Kunden den Laden (vorausgesetzt, es ist nicht zu unbequem für sie). Also lässt er den Preis lieber niedrig.

Und wie weit geht er runter? Untertreiben kann er es auch nicht: Jeder Geschäftsmann und jede Geschäftsfrau haben schließlich selbst Ausgaben: Die Jeanshosen werden beim Großhändler eingekauft, die Miete für das Ladengeschäft muss bezahlt werden, die Angestellten bekommen Lohn. Und die Chefs selbst müssen auch noch vom Geschäft leben. Und dann gibt es da noch das Risiko, dass man auf der Ware sitzenbleibt.

Auf Dauer muss der Jeans-Kaufmann mehr Geld verdienen, als er ausgibt. Sonst kann er seinen Laden schließen. Deswegen kann er die Hosen nicht zu billig machen, sondern gerade so, dass er noch einen Gewinn behält.

Aber hilflos ist er nicht: Er kann sein Unternehmen genau durchleuchten, um herauszufinden, wo er seine Ausgaben verringern kann. Er könnte in seinem Laden Energiesparglühbirnen einsetzen, den Vermieter des Ladenlokals um Mietnachlass bitten oder die Jeans bei einem billigeren Großhändler kaufen oder direkt bei einer Textilfabrik in Bangladesh. Dann könnte er den Großhändler umgehen, seine Jeanshosen günstiger anbieten und mehr Kunden anlocken.

Der Markt ist also dynamisch und in ständiger Bewegung. Die Preise ändern sich. Vor acht bis zehn Jahren haben einige wenige Firmen angefangen, Badelatschen in besonders frechen Farben zu verkaufen. Sie nannte sie Flipflops und verlangten 50 Euro für das Paar. Die Leute kauften die Flipflops wie wild. Das beflügelte andere Unternehmen, Flipflops anzubieten, die etwas billiger waren. Und inzwischen gibt es Flipflops in den billigsten Schuhgeschäften für zwei Euro.

Die Phasen des Marktprozesses sehen so aus: Ein Unternehmen bietet ein teures Produkt an. Es findet viele Käufer. Das erkennen andere Unternehmer und bieten das gleiche Produkt an, nur billiger, damit die Kunden zu ihnen wechseln. Solange sich mit dem Produkt dabei noch Gewinn machen lässt, drängen Unternehmer auf den Markt. Sie sorgen dafür, dass das Angebot steigt und der Preis sinkt. Oder aber sie verändern das Produkt so, dass der Kunde dafür weiterhin mehr zu zahlen bereit ist: für Flipflops mit Strasssteinen beispielsweise oder für Flipflops aus hochwertigem Leder.

Der Extremfall der vollkommenen Konkurrenz

Im Extremfall herrscht „vollkommene Konkurrenz". Das ist ein Gedankenmodell von Wissenschaftlern. Auf einem solchen Markt ist der Anbieter, der Chef des Supermarktes, fast machtlos. Die Kunden sind die Chefs, die Könige.

Erhöht der Supermarkt die Preise, verliert er sofort die Kundschaft, und es treten Konkurrenten mit niedrigeren Preisen auf, die Gewinne wittern. Ein solcher Konkurrenzmarkt verzeiht nicht, dass ein Anbieter Gewinn macht. Sobald er seine Preise mit einem kleinen Gewinnaufschlag versieht, findet sich ein Konkurrent, der ihn unterbietet, bis die Gewinne bei jedem Anbieter bei Null landen.

1 WAS IST WIRTSCHAFT

In der Wirklichkeit ist der Wettbewerb manchmal scharf: Supermärkte können von 100 Euro oft nur 1 Euro als Gewinn behalten. Aber er ist selten so scharf, wie ihn die Wissenschaftler ausgemalt haben.

Außerdem ist der Preis nicht der einzige Grund, warum Kunden ein bestimmtes Brot oder eine bestimmte Jeans kaufen. Oft ist es für Kunden zu anstrengend, das billigste Brot der Stadt zu suchen. Man geht zum Bäcker, den man kennt. Erst wenn er zu schlecht oder zu teuer wird, schauen die Kunden sich woanders um. Und auf den Preis selbst ist auch kein Verlass.

Exkurs: Die Tricks mit den Preisen

Der ganz billige Trick: 9,99 Euro statt 10 Euro

Viele Unternehmen kleben Preise auf die Ware, die mit einer 9 enden. Egal ob Internet-Flatrates, CDs, LED-Taschenlampen oder Reisewecker – der Preis endet mit den Ziffern 99. Die Verkäufer denken sich etwas dabei. Warum schreiben sie nicht die runde Zahl 10 auf die Preisschilder? Eine CD für 9,99 Euro ist für Kunden viel attraktiver als eine für 10 Euro, glauben die Verkäufer. Sie vermuten, dass die Kunden die Zahl vor dem Komma wichtiger nehmen als die Zahl nach dem Komma. Und deshalb kaufen die viel leichter.

Aber stimmt das wirklich? Wissenschaftler haben eine Antwort auf die Frage gesucht. Das Ergebnis: Manchmal stimmt es, manchmal nicht. Manche Kunden kaufen eher, wenn auf dem Preisschild 9,99 Euro steht. Andere kaufen gerade deshalb nicht, weil sie sich reingelegt fühlen.

Ein amerikanischer Versandhändler hatte einmal vor gut 80 Jahren zwei verschiedene Kataloge für seine Waren drucken lassen, um herauszufinden, ob der Trick mit 9,99 Dollar wirklich funktioniert.

Er verteilte einen Katalog, der nur Waren mit runden, glatten Summen anpries: für 4 Dollar, 20 Dollar oder 50 Dollar. Der andere Katalog zeigte die Ware mit sogenannten gebrochenen Preisen: 3,99 Dollar, 19,99 Dollar oder 49,99 Dollar. Der Händler erlebte eine Überraschung. Aus beiden Katalogen wurde gleich viel bestellt. Es machte keinen Unterschied, ob 9,99 Dollar oder 10 Dollar als Preis angegeben waren.

Der Ökonom Hanno Beck hat mir noch eine andere, originelle Erklärung für .99-Preise gegeben. Danach sind die Preise in Geschäften entstanden, in denen klingelnde Registrierkassen standen und misstrauische Chefs regierten. Ihre Mitarbeiter hatten es schwerer, das eingenommene Geld einzusacken, wenn sie Wechselgeld herausgeben mussten, wie fast immer bei den gebrochenen Preisen. Dafür mussten sie die Kasse öffnen. Dann klingelte es und der Chef konnte beruhigt sein.

Warum gibt es Handys umsonst?

Handys kosten nichts. Das muss denken, wer den Preisschildern in Handygeschäften glaubt. Denn dort ist meistens 0 Euro zu lesen. Doch das stimmt natürlich nicht. Motorola, Nokia und Samsung werden niemals Handys herstellen, um sie für 0 Euro zu verkaufen. Das sagt schon der gesunde Menschenverstand.

Wer das Angebot genauer studiert, sieht den Zusatz: Es gilt nur in Verbindung mit einem Mobilfunkvertrag. Das Handy bekommt man nur dann für 0 Euro, wenn man einen 2-Jahres-Vertrag abschließt mit einem Unternehmen wie T-Mobile, Vodafone, O2, E-plus oder einer anderen Firma. Diese Firmen verdienen mit den Handygesprächen so viel Geld, dass sie dem Handyhersteller das Handy bezahlen.

Von Mobilfunkfirmen wie T-Mobile oder O2 ist das clever gedacht: Handys, die „in" sind, sind teuer. Ein gutes Fotohandy kann schon einmal 200 bis 300 Euro kosten. Das sind Preise, die vor allem die jüngeren Kunden erschrecken – und abschrecken. Wenn sie aber keine Handys kaufen, dann telefonieren sie auch nicht – und die Mobilfunkunternehmen verkaufen keine Gesprächsminuten.

Also haben T-Mobile oder O2 ein Interesse daran, dass Handys verkauft werden. Deshalb übernehmen sie den Kauf der Handys gleich mit.

Der Kunde zahlt jeden Monat für seine Gesprächsminuten. Die Monatsbeträge sind nicht so erschreckend hoch wie der Preis für das Handy, dabei enthalten sie die Kosten für dessen Anschaffung. Trotzdem: Weil die Monatsgebühren nicht so hoch wirken, fällt es dem Kunden leichter, das Handy zu kaufen.

Kunden haben auch noch die Möglichkeit, einen Vertrag einzugehen, bei dem jeden Monat ein fester Betrag vom Konto abgebucht wird, eine sogenannte Flatrate. Wer sich als Kunde dafür entscheidet, hat die Vorstellung, seine Ausgaben besser in den Griff zu bekommen.

Ob das stimmt? Oft gibt man auch mit einer Flatrate mehr aus als den festen Betrag, weil es immer wieder Ausnahmen von der Regel gibt. Bei mir war die Rechnung kürzlich doppelt so hoch, unter anderem, weil das Handy meiner Tochter ein anderes Mobilfunknetz nutzt. Und weil bei meinem Vertrag SMS extra berechnet werden.

Wahrscheinlich kann man sich merken, dass Handys immer teurer sind als gedacht.

Der Trick mit dem Paketpreis: Warum McDonald's immer fragt: Als Menü?

Wer in dem Schnellrestaurant ein Menü bestellt, bezahlt 15 Prozent weniger, als er für Pommes, Cola und einen Hamburger einzeln bezahlen würde. Auf den ersten Blick ist das für die Kunden billiger. Aber der Menüpreis verleitet manche Kunden dazu, mehr zu kaufen, als sie eigentlich wollten.

Woher ich das weiß? Sonst hätte McDonalds das Menü nicht erfunden. Sonst würden auch die Mitarbeiter nicht ständig nachhaken, ob man ein Menü wolle, wenn man selbst nur einen Hamburger bestellt hat.

Etwas Ähnliches hat sich auch Microsoft ausgedacht. Es gibt ein Softwarepaket namens Office: Damit kann man nicht nur schreiben, sondern auch Präsentationen herstellen, schwierige Sachen ausrechnen und vieles mehr. Würde man die Programme einzeln kaufen, müsste man viel mehr bezahlen.

Im Paket wird es billiger, aber viele Menschen – ich selbst eingeschlossen – werden wahrscheinlich nie in ihrem Leben alle Programme nutzen. Das Tabellenkalkulationsprogramm beispielsweise habe ich noch nie geöffnet, obwohl ich es mitgekauft habe. Die Kunden werden durch einen Rabatt für eine Sache angelockt, die sie gar nicht brauchen.

Der Trick mit den Druckerpatronen

Es gibt noch einen Trick, wie Unternehmen mit geschickten Preisen viel Geld zu verdienen versuchen. Das ist der Trick mit dem Tintenstrahldrucker: Der Drucker ist billig. Doch man braucht dafür eine Kartusche mit

spezieller Drucker-
tinte. Und die ist in der
Regel teuer. Sie muss
beim Hersteller des
Druckers gekauft wer-
den, denn nur diese Pa-
tronen passen ins Ge-
rät. Außerdem wird
auch eine spezielle
Tinte verwendet.

Manchmal kostet eine Kartusche fast so viel wie ein Drucker. Das Dru-
ckerunternehmen verdient also über einen längeren Zeitraum betrachtet nicht am Drucker, sondern vor allem an der Kartusche und der Tinte.

Aufgrund des Prinzips der Konkurrenz (siehe oben) sind inzwischen allerdings Unternehmen auf den Markt gedrängt, die nur Tinte verkaufen
und bei denen sich Kunden die Kartuschen billig auffüllen lassen können.
Man kann aber Pech haben und die Tinte ist nicht von der gleichen Qualität.

Eine Variante des „Druckerpatronen-Tricks" wendet auch die Firma Gillette an: Sie verkauft Trockenrasierer und Klingen. Die Klingen passen
nicht auf die Rasierer der Konkurrenz, sie passen nicht einmal auf alte
Modelle von Gillette. Sie passen nur auf ein bestimmtes Rasierermodell.
Und ein Klingen-Satz ist genauso teuer wie der Rasierapparat selbst.

Erfunden hat den Trick, so heißt es, der Amerikaner John D. Rockefeller
Ende des 19. Jahrhunderts. Er hat in Texas viel Öl gefördert und wusste
nicht, wohin damit. Denn Autos gab es damals nicht. Öl wurde vor allem
für Öllampen gebraucht. Da kam Rockefeller auf die Idee, den Chinesen
eine Million Öllampen zu schenken. Das war für die zunächst klasse, aber

wenn sie nun weiterhin Licht haben wollten, mussten sie regelmäßig Öl nachkaufen. Rockefeller wurde der reichste Mann der Vereinigten Staaten von Amerika.

Die Verkäufer von Druckern, Rasierern oder Handys folgen einer gemeinsamen Idee. Sie wollen Dich in ihre Produktwelt locken, in der Du immer nachkaufen musst. Es ist ein bisschen wie Disneyland, wo Du trotz des Eintrittspreises für die besten Achterbahnen dauernd extra zahlen musst.

Die Happy Hour

In manchen Kneipen kosten die Cocktails von 19 bis 20 Uhr nur die Hälfte. Diese Zeitspannen werden Happy Hour genannt. Das ist englisch und heißt: „fröhliche Stunde".

Die Gastwirte locken mit Happy-Hour-Angeboten Leute zu Zeiten in die Kneipen, in denen sie normalerweise schlecht gefüllt sind. Wenn es für die Kneipen gut läuft, bleiben die Gäste und trinken auch dann weiter, wenn die Cocktails wieder teurer sind. Außerdem sieht die Kneipe dank der Happy-Hour-Gäste belebter aus, was sie interessanter für weitere Gäste macht. Und schließlich machen Gastwirte eine einfache Rechnung auf. Selbst wenn sie in der Happy Hour nicht auf ihre kompletten Kosten kommen, kommt ein bisschen Geld herein. Damit bezahlen sie für Ausgaben, die ihnen immer entstehen, egal ob Gäste kommen oder nicht, wie zum Beispiel die Miete.

Gastwirte sind übrigens nicht die einzigen, die Happy Hours kennen. Einige Museen sind auf die Idee gekommen. Und in vielen Städten auch die U-Bahn-Betreiber. U-Bahn-Fahren wird außerhalb der Stoßzeiten billiger gemacht.

Der seltsame Trick mit dem hohen Preis

Seltsamerweise gibt es auch noch eine Preisstrategie, bei der Produkte teurer gemacht werden und nicht billiger. Manche Kosmetika sind zehnmal teurer als andere und gelten bei den Kundinnen als besonders gut. Dabei ist anzunehmen, dass die Käuferinnen nicht wirklich wissen, was in den Pflegecremes enthalten ist, denn wer kein Chemiker ist, versteht die Angaben auf der Packung nicht. Woher weiß die Kundin dann, dass eine Creme gut ist und der teure Preis berechtigt? Der Unternehmensberater und Marketing-Professor Hermann Simon hat festgestellt, dass sie sich nach zwei Dingen richtet: Nach der Verpackung – die darf nicht billig aussehen. Und nach dem Preis. Eine billige Creme hat schnell einen schlechten Ruf.

Der Preisexperte Simon berichtet von dem Pech der Firma Krups in den achtziger Jahren. Das Unternehmen hatte damals einen elektrischen Rasierapparat erfunden, der 25 D-Mark kostete. Der Apparat des Konkurrenten Braun kostete allerdings 75 D-Mark. Deshalb glaubte kein Kunde, dass Krups einen vernünftigen Apparat für 25 D-Mark herstellen könnte. Erst als Krups den Preis verdoppelte, gab es genügend Käufer.

Ein paar Zutaten, damit die Marktwirtschaft wirklich funktioniert

Information

Wir haben gelernt, dass Verkäufer ein paar gute Tricks kennen, ihre Sachen zu verkaufen. Die Kunden sind aber nicht hilflos. Sie haben zwei Möglichkeiten, um gut zurecht zu kommen: Sie können sich informieren. Und sie können reklamieren. Informieren hieß früher, den Werbezettel vergleichen, herumtelefonieren, die Geschäfte besuchen. Heute heißt das zusätzlich: Im

Internet das gewünschte Produkt auf Preisvergleich-Seiten eingeben. Oder im Internet auf den Seiten von Herstellern und Händlern die Preise heraussuchen. Mit dieser Preisinformation kann der Kunde den Händler um die Ecke besuchen und unter Druck setzen.

Damit schafft das Internet Konkurrenz. Der Händler muss plötzlich auf Wettbewerber achten, die er früher gar nicht im Blick hatte. Das Internet hebt Distanzen auf und stellt den weit entfernten Großhändler neben den kleinen Laden in unserer kleinen Stadt. Damit hat der Kunde mehr Auswahl und der Verkäufer muss sich anstrengen.

Ob es Wettbewerb gibt, hängt also nicht nur davon ab, ob viele Unternehmen das Gleiche verkaufen. Es hängt auch noch davon ab, ob Kunden die Angebote der Unternehmen kennen und einen Überblick über die Preise haben.

Vertrauenssache

Informieren ist klasse. Nur: Manchmal funktioniert es nicht. Folgendes Beispiel: Ein Kunde geht auf einen Gebrauchtwagenmarkt, um ein Auto zu kaufen. Plötzlich kommen ihm Zweifel: Er kann den gebrauchten Autos nicht ansehen, wie funktionstüchtig sie noch sind und ob sie noch lange fahren werden. Der Verkäufer weiß genau, welche Macken die Fahrzeuge haben. Er verrät die Fehler aber nicht, weil er das Auto teuer verkaufen will. Letztendlich kauft der Kunde nicht, weil er Angst vor möglichen Fehlern im Auto hat.

Das bedeutet, dass der Handel nicht zustande kommt. Es gibt zwei Gründe dafür: Einer weiß mehr als der andere, und der Käufer misstraut dem Verkäufer. Ist ja nicht so schlimm, dann kann das Auto eben nicht verkauft werden, sagt vielleicht mancher. Aber ein Schaden entsteht dadurch schon. Ein Auto, das noch gut ein paar Jahre fahren könnte, findet keinen Fahrer. Es ist so, als ob man einen guten Plattenspieler einfach wegwirft. Das schmerzt.

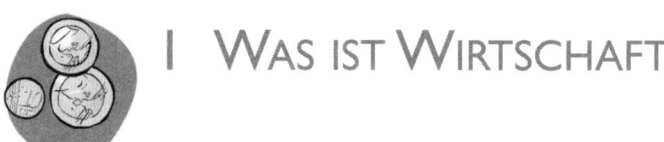

Was nun? Man kann sich mehrere Möglichkeiten vorstellen: Der Kunde könnte einen Gutachter mitbringen, der das Auto genau untersucht. Das kostet Geld. Aber danach fühlt sich der Kunde sicherer. Oder der Verkäufer bezahlt eine Prüffirma, die das Auto durchleuchtet und danach ein Zeugnis ausstellt. Wenn der Kunde der Prüffirma traut, ist das eine gute Sache. Wenn nicht, dann ist man genauso weit wie vorher. Der Handel kommt nicht zustande.

Was kann der Verkäufer also tun, um das Vertrauen zu gewinnen? Er versucht, den Ruf zu bekommen, dass er ehrlich ist. Dabei gibt es viele Methoden. Zum Beispiel Banken. Für Eigentümer von Banken, den Bankiers, ist ein gutes Image lebenswichtig. Kunden eröffnen nur bei jenen Banken ein Konto, denen sie vertrauen. Wenn die Kunden das Gefühl haben, die Bankiers machen sich mit dem Geld davon, geht die Bank sofort pleite.

Wie stellen Bankiers Vertrauen her? Zum Beispiel durch schöne teure Gebäude für die Filialen. Wer teuer baut, vermittelt nicht den Eindruck, über Nacht mit unserem Geld abzuhauen. In Banken gelten auch strengere Kleidungsvorschriften als in den meisten anderen Unternehmen. Die Männer sollen dunkle Anzüge und Krawatten tragen, die Frauen Anzüge oder Kostüme. Und oft sind die Chefs der Banken und Sparkassen auch Mitglied im Lionsclub oder im Rotaryclub. Das sind seriöse Vereine, in denen man nur Mitglied werden kann, wenn ein anderes Mitglied sagt: Der ist okay.

Es gibt noch eine Methode, Vertrauen zu bekommen. Firmen engagieren einen Superstar für einen Werbespot. Superstars sind teuer. Aber ein Unternehmen, das viel Geld für den Prominenten ausgibt, findet, dass sich das trotzdem lohnt: weil die Kunden denken, wenn der Star das Produkt kauft, kann ich ihm trauen, denn dann ist es sicher gut. Außerdem glaubt das Unternehmen, dass es durch die Verkäufe die Gage für den Superstar auf Dauer wieder einspielt. Noch etwas kommt hinzu: Ein Superstar lebt vor allem von seinem Ruf. Den wird er nicht so leicht für schlechte Ware aufs Spiel setzen.

Für die Telekom-Aktie hat einmal der den Älteren gut bekannte Schauspieler Manfred Krug Werbung gemacht, der unter anderem als Kommissar im Tatort aufgetreten ist. Später zeigte sich, dass das Unternehmen schlechter war als sein Ruf und der Kurs der Aktie in den Keller ging. Die Kunden waren sauer. Auf die Telekom – und auf Manfred Krug. Sie fanden, er habe sie irregeführt, weil sie ihm vertraut hatten, als er für die Telekom warb. Der Schauspieler hat sich dafür öffentlich bei den Menschen entschuldigt.

Schließlich hilft Ehrlichkeit und Anstand. Auch das spricht sich herum.

Gute Gerichte, gute Beamte, gutes Recht

Wer ein Unternehmen hat, muss sich darauf verlassen können, dass die Kunden die bei ihm gekauften Produkte auch bezahlen. Ohne diese Gewissheit wäre es unvernünftig, überhaupt ein Geschäft zu eröffnen. Das Risiko wäre zu groß, dass die ganzen Mühen umsonst sind.

In einem guten Rechtssystem gibt es ein mehrstufiges Verfahren, wenn ein Kunde nicht zahlt. Erst schickt das Unternehmen eine freundliche Zahlungserinnerung, dann eine Mahnung. Weigert sich der Kunde noch länger, dann kommt der staatliche Gerichtsvollzieher ins Spiel, der das Geld eintreibt. Er besucht den Kunden, und wenn dieser kein Geld hat, dann nimmt er zum Beispiel dessen CD-Player in Besitz und verkauft ihn. So bekommt der Verkäufer schließlich sein Geld.

Wer Handel treibt und Geschäfte macht, braucht die Gewissheit, dass er fair behandelt wird. Fair bedeutet, dass das Recht für alle gleich gilt. Egal, ob jemand ein Großunternehmen hat oder eine kleine Würstchenbude.

Für diese Fairness sind unter anderem Gerichte zuständig, aber auch Grundbuchämter. Diese Ämter haben sorgfältig aufgeschrieben, wem welches

Grundstück und welches Haus gehört. Niemand kann einfach an der Haustür klopfen und das Haus Deiner Eltern beanspruchen, obwohl sie es gekauft haben.

Wichtig ist, wem was gehört

Wie eine Sache behandelt wird, hängt davon ab, wem sie gehört. Das gilt im Kleinen wie im Großen. Deshalb ist das wichtig für die Wirtschaft. Schulbücher, die der Schule gehören, sehen meistens schlimmer aus als Schulbücher, die die Eltern des Schülers gekauft haben. (Warum Schulbücher von Jungen schlimmer aussehen als Schulbücher von Mädchen, bleibt ein Rätsel.)

Vermieter haben ein größeres Interesse daran, dass ihr Haus in Schuss bleibt, als der Mieter. Mieter halten es auch aus, wenn der Keller feucht ist und der Putz langsam bröckelt. Es ist ja nicht ihr Haus. Und wenn es zu schlimm wird, zieht der Mieter aus.

Der Vermieter kann nicht einfach ausziehen. Er kann das Haus oder die Wohnung zwar verkaufen, aber wenn die Immobilie in keinem guten Zustand ist, kriegt er dafür nur wenig Geld.

Unternehmer machen selten Urlaub, weil sie im Betrieb nach dem Rechten sehen müssen, gute Ware produzieren und so viel Gewinn wie möglich machen wollen. Und den Gewinn bringen die Käufer und Kunden, welche der Unternehmer zufrieden stellen will. Der normale angestellte Mitarbeiter hingegen, der vom Gewinn nichts abbekommt, ist eher darauf aus, Karriere zu machen oder viel Freizeit zu haben. Den Kunden zu dienen, steht nicht oben auf seiner Liste.

Das gilt sicher auch für viele Beamte: Die Öffnungszeiten einer ganz normalen Stadtverwaltung sind nicht einmal halb so lang wie die von Supermärkten. Niemand in der Stadtverwaltung hat etwas davon, dass viele Leute kommen und beraten werden wollen oder einen neuen Personalausweis beantragen. Im Gegenteil: Besucher machen den Beamten Arbeit, ohne dass etwas für sie selbst dabei herausspringt. Würden die Besucher für jeden Besuch auf dem Amt einen oder zwei Euro an die Beamten zahlen müssen, hätten größere Ämter wahrscheinlich die gleichen Öffnungszeiten wie Aldi, vor allem wenn die Beamten die Gebühren behalten dürften.

In gewisser Weise begegnet uns hier der Egoismus des Kaufmanns wieder. Es geht also bei der Frage der Eigentumsrechte nicht nur darum, wem was gehört, sondern auch darum, wer die Einnahmen behalten darf. Stell' Dir vor, Du machst einen Wochenendtrip nach Berlin. Deine großzügigen reichen Eltern sagen: „Liebes Kind. Schlaf' in einem Hotel Deiner Wahl. Iss in Restaurants Deiner Wahl. Flieg' oder fahr' nach Berlin, ganz wie Du magst. Hier ist eine Kreditkarte, mit der Du bezahlen kannst." Was wirst Du tun? Du wirst mit dem Flugzeug fliegen, in einem 5-Sterne-Hotel in Berlin Mitte übernachten und teuer Essen gehen. Ganz normal wäre das.

Nehmen wir stattdessen an, Deine Eltern sind nicht nur reich, sondern auch ziemlich pfiffig. Dann werden sie ein solches Angebot nicht machen. Sie werden stattdessen sagen: „Liebes Kind, hier sind 300 Euro für das Wochenende in Berlin. Was Du nicht aufbrauchst, darfst Du behalten." Was wirst Du tun? Du fährst mit einem Freund mit, übernachtest bei Verwandten und isst bei McDonald's. So ungefähr zumindest. Du wirst in Fall zwei auf jeden Fall sparsamer sein als in Fall eins.

Wenn der Markt nicht richtig funktioniert

Der reichste Mann der Welt heißt Bill Gates. Er hat mit seinen Mitarbeitern Software geschrieben, mit dem Personalcomputer leichter zu benutzen sind. Die Programme hießen Dos und Windows. Fast jeder PC hat das

MICROSOFT

Programm vorinstalliert. Lange Jahre hatten Bill Gates und seine Firma Microsoft kaum Konkurrenz. Deshalb hat das Unternehmen phantastisch verdient. Unternehmen ohne Konkurrenz haben ein Monopol. Echte Monopole sind in der Wirtschaft die Ausnahme. Die einzige Schiffslinie, die Gäste auf die Nordseeinseln bringt, ist ein Monopolist. Alle müssen ihre Passagen bei der Schiffslinie buchen. Die Deutsche Bahn AG ist auf den meisten Strecken ein Monopolist. Briefe durften in Deutschland lange nur von der Deutschen Post gebracht werden.

Für den Unternehmer ist ein Monopol eine gute Sache. Er verdient mehr Geld ohne Konkurrenz. Kein Wunder, dass er sich den Kopf darüber zerbricht, wie er eine Alleinstellung erreichen kann. Viele Unternehmer lieben zwar den Wettbewerb, aber nur, solange sie auf der Aufholjagd sind. Haben sie erst mal eine stattliche Größe erreicht, wollen sie lieber weniger Wettbewerb, um in Ruhe Geld verdienen zu können.

Wie schaffen es Unternehmen, keine Konkurrenten zu haben?

Wer keine Gegner auf dem Markt hat, ist ein Monopolist. Unternehmer finden diese Rolle gut, weil sie mehr Geld verdienen. Vier Methoden gibt es, ein Monopolist zu werden. Zwei davon sind sogar erlaubt.

Erstens: Man erfindet etwas Einzigartiges, das die Kunden klasse finden. Und zwar so klasse, dass sie gar nicht auf die Idee kommen, ein ähnliches Produkt vom Konkurrenten zu kaufen. Eine Zeitlang hatte Coca Cola diese Position. Jeder wollte Coca Cola haben. Pepsi, Afri oder River und all die anderen Sorten hatten kaum Chancen. Coca Cola hat seinen Ruf als Hersteller eines besonderen Getränks bewusst gepflegt und macht damit Werbung, dass das Rezept von Coca Cola so besonders und so geheim ist, dass es in einem Safe in Atlanta liegt und nur der Chef des Unternehmens es kennt. Inzwischen hat sich der Markt geändert. Pepsi hat viele Freunde gefunden, und es gibt viele andere populäre Getränke, zum Beispiel Red Bull.

Zweitens: Derjenige kann Monopolist werden, der eine Sondererlaubnis der Regierung oder staatlicher Einrichtungen hat. Bis vor kurzem durfte nur die Deutsche Post in Deutschland bestimmte Briefe bringen. Nur die Telekom durfte Telefonkabel legen. Dafür mussten die Unternehmen aber ihre Preise von der Regierung genehmigen lassen.

Ein Sonderfall ist der Patentschutz. Hat ein Unternehmen oder ein Forschungsinstitut zum Beispiel die Glühbirne erfunden, so kann es diese beim Patentamt patentieren lassen. Das bedeutet, dass keine andere Firma die Glühbirne ohne Erlaubnis des Erfinders herstellen darf. Für die Erlaubnis, die Lizenz, kann der Erfinder Geld verlangen.

Ein deutsches Forschungsinstitut bekommt von Firmen, die MP3-Player bauen, Geld. Denn Forscher aus Deutschland haben wichtige Erfindungen zum MP3-Player beigesteuert. Der Patentschutz ist allerdings ein zeitlich begrenztes Monopol. Er läuft nach einigen Jahren aus. Patente sind für einen Erfinder prima, weil sie ihn eine Zeitlang vor Konkurrenz schützen. Ganz unumstritten sind sie aber genau deshalb nicht.

Die dritte Methode, den Wettbewerb auszuschalten, ist das Kartell. Nehmen wir als Beispiel die Unternehmen, die Kraftstoffe für Autos verkaufen. Neun von zehn Autofahrern lenken ihre Autos zu den Tankstellen von vier großen Tankstellen-Unternehmen. Nun stellen wir uns folgende Geschichte vor: Die Chefs der Unternehmen sind eines Tages des Wettbewerbs müde. Sie treffen sich und fassen einen Plan: „Von heute an wollen wir das Benzin immer zum gleichen Preis verkaufen. Und wir wollen den Preis hoch ansetzen. Keiner darf den anderen unterbieten."

Dann bliebe den Autofahrern nichts anderes übrig, als die teuren Tankstellen anzufahren. Nur wer an der Grenze wohnt, könnte ins Ausland fahren und dort billiger tanken. Wer die Wahl nicht hat, würde mehr zahlen als früher.

Unerlaubte Preisabsprachen nennt man das Vergehen der Unternehmen. Sie haben ein Preiskartell gebildet. Ihr Vorgehen ist illegal. Doch der Fall ist nicht komplett ausgedacht. Tatsächlich standen vor 30 Jahren deutsche Mineralölfirmen im Verdacht, ein „Kartell" gebildet zu haben.

Aktuell wurden europäische Bierbrauer, Zementhersteller, Pharmaunternehmen und Elektrounternehmen wegen unerlaubter Preisabsprachen mit hohen Geldbußen belegt. Preisabsprachen sind Diebstahl in eleganter Form. Denn die Unternehmen bekommen durch die Tricks mehr Geld vom Kunden, als sie unter sauberen Bedingungen kriegen würden.

Möglichkeit Nummer vier: Unternehmen werden zum Monopolisten, wenn sie die gesamte Konkurrenz kaufen. Dies ist allerdings in der Realität inzwischen schwierig: Denn bevor ein Unternehmen einen Konkurrenten übernehmen kann, muss es das Bundeskartellamt oder Europäische Kartellamt um Erlaubnis fragen. Und das Kartellamt verbietet den Zusammenschluss normalerweise, wenn das neue Unternehmen den Markt beherrschen würde.

Warum das so ist, ist naheliegend: Ökonomen haben Sorge um den Markt und Angst davor, dass das neue Superunternehmen die Preise diktieren würde und die Kunden zu wenig für ihr Geld bekommen. Es gibt Gesetze dagegen, dass einzelne Unternehmen zu mächtig werden und den Wettbewerb ausschalten. Denn gerade Wettbewerb sorgt dafür, dass der Beste sich durchsetzt. Aber Wettbewerb heißt natürlich auch Dauerstress.

Exkurs: Die Cola von der Raststätte oder vom Getränkemarkt – Was unterschiedliche Preise zu bedeuten haben

Ein Liter Coca Cola kostet im Getränkemarkt 70 Cent. In einer Autobahnraststätte kostet der Liter Coca Cola 1,80 Euro. Was für eine Sauerei, denkt der Raststättenbesucher nach dem Kauf. Die Cola von der Autobahn ist zu teuer.

Er kauft sie trotzdem, weil er großen Durst hat. Und hat aber gleichzeitig das Gefühl, dass es ungerecht ist, dass Colas in Raststätten teurer sind als Colas aus Supermärkten.

Stimmt das? Aus Sicht der Ökonomen und Unternehmer nicht. Denn Coca Cola ist nicht gleich Coca Cola, selbst wenn sie völlig identisch ist. An der Autobahnraststätte stillt der Kunde ein ganz anderes Bedürfnis als im Getränkemarkt. Das Raststättenbedürfnis ist so: Aktueller Durst, den er ohne Zeitverlust löschen will. Das Getränkemarktbedürfnis kann dagegen so beschrieben werden: als Wunsch, sich einen Getränkevorrat anzulegen, um späteren Durst schnell zu stillen. Im ersten Fall kauft der Kunde das Paket schnelle Durstlöschung, im zweiten Fall das Paket Vorratshaltung. Und unterschiedliche Pakete kosten unterschiedlich.

Schnelle Cola an der Autobahn ist knapper als Cola im Getränkehandel. Der höhere Preis signalisiert die größere Knappheit. Der Preis, sagen Ökonomen, ist ein Knappheitssignal. Die Knappheit hängt in diesem Fall mit Zeitmangel zusammen. Der Autofahrer will seine Reise nicht unterbrechen, um nach Schnäppchen zu suchen.

2 Die Welt der Unternehmen

Was sind Unternehmen?

Die meisten Leser kennen McDonalds, Nokia, Motorola, Apple, Sony, Douglas und Hennes & Mauritz. Vielleicht kennen sie auch noch Aldi, Kaufhof und BMW. Aber kennen sie General Electric (eines der größten Unternehmen der Welt) oder Prym (ein Spezialist für Druckknöpfe, der 1642 gegründet wurde) oder Uwes Schlemmereck?

2 Die Welt der Unternehmen

In Deutschland allein gibt es 3,4 Millionen Unternehmen. Zu dieser Liste gehört der Kiosk in meiner Straße, der von einem fleißigen serbischen Ehepaar betrieben wird. Dazu zählt auch das deutsche Traditionsunternehmen Siemens, das weltweit fast eine halbe Millionen Mitarbeiter hat. Dazu gehören die Bahn, die Post, der Bauernhof meines Bruders, C&A, Burger King, Porsche, das Friseurgeschäft um die Ecke, der Eisverkäufer, das Fitnessstudio und die Diskothek. Sogar einige Schulen und Universitäten sind Unternehmen.

Eine robuste Definition für Unternehmen lautet: Sie verkaufen etwas und versuchen dabei, etwas zu verdienen. Alle Unternehmen eint eine Hauptaufgabe: Sie sind für die Versorgung zuständig, für die Erfüllung der Wünsche ihrer Kunden. Das ist ihre Rolle in der Marktwirtschaft.

Damit die Kunden zufrieden sind, müssen die Unternehmen Unbrauchbares in Brauchbares verwandeln: Stahl in Autos, einen Schuppen in eine Diskothek, Hackfleisch in einen Hamburger und Arbeitskraft in eine Dienstleistung: Post austragen ist so eine Dienstleistung, kellnern oder Unterricht geben.

Warum gibt es überhaupt Unternehmen?

Bevor wir die Welt der Unternehmen genauer erkunden, wollen wir eine wichtige Frage stellen: Sind viele Unternehmen nicht überflüssig? So blöd ist die Frage nicht. Pizza kann ich kaufen oder selber backen. Um Pizza essen zu können, brauche ich kein Unternehmen. Auch meine Briefe könnte ich selbst ausliefern.

Früher haben die Leute selbst gebacken, selbst geschlachtet, selbst ihre Häuser gebaut und selbst Bier gebraut. Bäcker, Metzger, Bauarbeiter und Brauer fanden weniger Kunden als heute. Aber die Tatsache, dass sich das geändert hat, zeigt, dass es wohl irgendwie nützlich sein muss, Bäcker, Metzger und Brauer zu haben.

Bäcker können bessere Brötchen schneller und billiger backen. Sie haben Teigrührgeräte, gewaltige Öfen und so weiter. Und sie haben Erfahrung und Routine. Wer immer die gleiche Arbeit macht, wird darin besser. Er wird zum Spezialisten.

Die Spezialisten sparen den Familien Zeit, weil sie kein Brot mehr selber backen müssen. Viel wichtiger aber: Viele Güter, die wir heutzutage kaufen, können wir ohnehin nicht mehr selbst herstellen: Autos, Personalcomputer oder MP3-Player.

Die ganze Gesellschaft ist arbeitsteilig organisiert. Ich schreibe Berichte für ein Unternehmen, das Zeitungen herstellt und verkauft. Mein Freund hat einen eigenen Tischlerei-Betrieb. Wenn er eine Zeitung lesen will, kauft er eine Zeitung von unserem Unternehmen oder von der Konkurrenz. Wenn ich einen Küchenschrank brauche, wende ich mich an meinen Freund mit der Tischlerei oder an ein Möbelgeschäft. Und das ist gut so. Denn ein Tisch von mir wäre nicht besser als ein Zeitungsbericht von meinem Freund.

Eine kurze Geschichte aus der Welt ohne Spezialisierung

In dieser Welt steht der beste Herzchirurg Deutschlands früh auf, geht in den Garten, um Äpfel zu pflücken, hält Schweine, Kühe und Hühner. Er backt das Brot selbst, hackt Holz, schlägt Butter, näht seinen Kittel. Wenn er ins Krankenhaus kommt, muss er ein paar Geschäftsbriefe tippen und Telefonanrufe führen. Wann er zum Operieren Zeit haben soll, ist unklar.

Am besten im Vergleich zu anderen kann der Arzt Herzen operieren. Er kann vielleicht auch gut Brot backen. Aber Brot backen können viele. Herzen operieren können nicht viele. Deshalb wäre es gut für alle, wenn er sich auf das Operieren konzentrieren könnte. Er sollte sein Essen kaufen statt

es selbst herzustellen. Eine Putzfrau könnte bei ihm sauber machen. Und eine Sekretärin sollte den Papierkram machen und nur wichtige Anrufe zu ihm weiterleiten.

Der Arzt wird vielleicht zehn Patienten am Tag operieren statt drei. Er würde damit Leben retten. Die Geschäftspost wäre schneller erledigt, weil Sekretärinnen das besser können als Ärzte. Meistens zumindest. Der Putzfrau geht vermutlich das Putzen leichter von der Hand als dem Arzt. Das Gesamtergebnis wäre besser durch Spezialisierung.

Was sollen Unternehmen herstellen

Eines haben alle Unternehmen gemeinsam, die großen, die kleinen, die alten, die jungen: Sie müssen genügend Kunden gewinnen, oder anders gesagt: möglichst viel verkaufen. Nur dann bewähren sie sich auf ihren Märkten, nur dann können sie überleben. Das gilt zumindest für die Marktwirtschaft. Als Ostdeutschland noch die sozialistische DDR war, gab es dort Planwirtschaft. Zentrale Behörden legten fest, was und wie viel die Betriebe herstellen sollten. Wettbewerb gab es fast nie.

Was ein Unternehmen herstellt und anbietet, legt in der Marktwirtschaft die Unternehmensleitung fest, auch Management genannt. Das Management orientiert sich in seinen Entscheidungen natürlich daran, was seiner Mei-

2 DIE WELT DER UNTERNEHMEN

nung nach viele Akteure auf dem Markt haben wollen. Es orientiert sich daran, was sich verkaufen lässt. Denn das Management verfolgt ein Ziel: Gewinn zu machen, also mehr Geld einzunehmen als auszugeben. Damit das funktioniert, muss das Unternehmen den Menschen das liefern, was sie brauchen oder sich wünschen. Indirekt entscheidet also der Wunsch des Kunden darüber, was hergestellt wird.

Oft läuft natürlich etwas schief. Das Management schätzt den Kunden oder auch die Konkurrenz falsch ein. Jahr für Jahr bringen Unternehmen neue Schokoriegel, Waschmittel, Pflegecremes auf den Markt, doch die meisten setzen sich nicht durch und bleiben in den Regalen liegen. Vier von fünf neuen Produkten scheitern, weil die Kunden sie nicht kaufen.

Das ist das Risiko des Unternehmens: Es trifft Entscheidungen, die in die Zukunft gerichtet sind. Das Management erwartet, Ohrringe, groß wie ein runder Camembert, lassen sich gut verkaufen. Es fängt mit der Produktion an. Und dann kommen stecknadelkopf-große Brillanten als Ohrschmuck in Mode. Dann muss das Management schnell umsteuern. Gute Unternehmen spüren, was die Leute wollen.

Manchmal spüren Unternehmen es sogar, obwohl die Leute es selber bestreiten würden. Vor zwanzig Jahren haftete an vielen Autos ein Aufkleber, der so groß wie eine Hand war und die Form eines Tintenkleckses hatte. Hunderttausende dieser seltsamen Aufkleber fanden Käufer.

Wenn aber die Leute auf Wunschzettel hätten aufschreiben sollen, was sie sich wünschen, dann hätte niemand notiert: Ich wünsche mir einen Aufkleber in der Form eines Tintenkleckses. Trotzdem muss es so gewesen sein, denn jeder wollte das Ding haben.

2 Die Welt der Unternehmen

Gute Unternehmer haben einen Riecher dafür, was in Zukunft in sein wird. Kaum jemand hätte behauptet, dass einmal für Jungen Hosen in Mode kommen, die weit unter der Hüfte zusammengehalten werden. Aber ein paar Unternehmen haben es gespürt. Und machen gute Geschäfte damit.

Was für Arten von Unternehmen gibt es?

Es gibt eine ganze Menge Unternehmen, die gar nichts produzieren. Sie kaufen ein und verkaufen weiter. Hennes & Mauritz, Aldi, Ikea oder Kaufhof zum Beispiel stellen ihre Produkte nicht selber her. Sie sind Händler, genauer gesagt Einzelhändler. Das heißt, sie verkaufen ihre Ware an uns Kunden. Daneben gibt es sogenannte Großhändler. Sie verkaufen ihre Waren nicht an uns Kunden, sondern an andere Unternehmen und vor allem an Einzelhändler.

Es gibt solche Einzelhändler wie H&M, Aldi oder Douglas, weil sie das Einkaufen praktisch oder zumindest interessant machen. Die Händler kaufen selbst von verschiedenen anderen Händlern oder Herstellern ein. Aus der eingekauften Ware stellen sie ein Sortiment zusammen, das die Kundschaft anlockt.

Der Kunde hat den Vorteil, dass er nicht zur T-Shirt-Fabrik, danach zur Slip-Fabrik und später zur Hosenfabrik muss, um sich mit Mode einzudecken. Er geht in ein Geschäft und findet, was er braucht. Die Leistung der Händler liegt in der Zusammenstellung der Artikel, die sie auf der ganzen Welt einkaufen.

Viele Unternehmen produzieren allerdings selbst, wenn auch nicht alles. Autohersteller zum Beispiel kaufen Reifen, Blech, Bordcomputer und Scheinwerfer ein und fügen die Teile dann zu einem Fahrzeug zusammen. Sie gehören zur Gruppe der Produzenten, genauso wie auch Brotfabriken, Stahlwerke oder Druckerhersteller.

2 DIE WELT DER UNTERNEHMEN

Andere Unternehmen wiederum stellen nichts her, was man anfassen kann. Sie nehmen für das Erledigen einer Aufgabe Geld. Wachdienste vermieten ihre Mitarbeiter zum Schutz von Fabriken vor Dieben und Schutz von Museen vor ungezogenen Schulkindern. Solche Unternehmen nennt man Dienstleistungsunternehmen. Eine Spezialgruppe der Dienstleister sind die Banken, die noch einmal zum Thema werden, wenn wir über Geld nachdenken.

Viele Unternehmen sind klitzeklein. Sie bestehen aus einem Mann oder einer Frau. Andere riesig. Sie haben mehr Mitarbeiter, als Menschen in einer Großstadt wohnen, und nehmen im Jahr mehr Geld ein, als alle Bürger eines kleinen Landes zusammengenommen.

Die amerikanische Handelskette Wal-Mart betreibt riesige Supermärkte vor allem in den Vereinigten Staaten von Amerika. Sie hat jährliche Einnahmen von rund 350 Milliarden Euro. Misst man Unternehmen an den Einnahmen, ist Wal-Mart die Nummer eins in der Welt. In Deutschland gehören die Finanzunternehmen Allianz und Deutsche Bank, Daimler, Siemens, das Stromunternehmen E.on und die Deutsche Telekom zu den größten Unternehmen.

Wie erledigen Unternehmen ihre Aufgaben?

Die Aufgabe der Unternehmen ist die Belieferung der Menschen mit Produkten ihrer Wahl. Für diesen Auftrag verwandeln sie Unbrauchbares in Brauchbares, wie oben schon geschildert: Stahl zu Autos, Mehl zu Brot und Plastikteile zu Handys.

Damit das gelingt, brauchen die Unternehmen Geld, Mitarbeiter, Material, Räume, Ideen und so weiter. Ökonomen nennen diese Zutaten Produktionsfaktoren. Und sie unterscheiden drei Gruppen von Produktionsfaktoren: Boden, Arbeit und Kapital.

2 DIE WELT DER UNTERNEHMEN

Unter Boden versteht man alle Gaben der Natur, die dazu beitragen, dass das Unternehmen funktioniert. Also das Stück Land, auf dem die Fabrik steht, Bodenschätze, Wasser, Luft, Sonnenenergie, Wasserkraft und so weiter.

Der Begriff Arbeit umfasst alle menschlichen Kräfte: die körperlichen wie die geistigen. Dazu zählen auch Kreativität, Muskelkraft, Selbstdisziplin, Spezialkenntnisse oder Abenteuerlust.

Kapital ist alles andere – Geld, Material und Gegenstände –, das dabei hilft, etwas herzustellen. Der Herd dient zum Kuchen backen und ist deshalb Kapital. Der Mähdrescher erntet Getreide. Also ist er ebenfalls Kapital.

Alle diese Zutaten werden vom Unternehmen so kombiniert, dass etwas Brauchbares für die Kunden herauskommt. Brauchbar heißt, der Kunde findet es nützlich, will es haben und akzeptiert den Preis, den das Unternehmen auf das Preisschild gedruckt hat. Damit er auch wirklich kauft, muss das Produkt zu guter Letzt auch noch in seine Reichweite transportiert werden.

Die ziemlich komplizierte Aufgabe des Unternehmers lautet also: Stelle den Kunden etwas zur Verfügung, was sie lieben und bezahlen können. Und bleibe immer auf der Höhe der Zeit.

Herstellung und Absatz – darunter fallen Werbung, Auslieferung und Verkauf – sind damit die Hauptaufgaben von Unternehmen. Manchmal auch nur Absatz.

2 Die Welt der Unternehmen

Was sind Unternehmer?

Hinter den meisten Unternehmen steht ein Unternehmer. Das sind die Chefs und Eigentümer. Oft sind es auch die Gründer. Ohne sie gäbe es das Unternehmen nicht.

Viele Leute haben sich darüber Gedanken gemacht, was Menschen treibt, Unternehmen zu gründen. Denn das ist riskant. Jedes Jahr gehen in Deutschland tausende Unternehmen pleite.

Das heißt, sie können ihre Rechnungen nicht mehr bezahlen und müssen aufgeben. Und tatsächlich werden viele Menschen keine Unternehmer, weil sie das Risiko nicht eingehen wollen.

Unternehmer sind auf Geld aus, ist eine mögliche Antwort auf die Frage, warum Menschen diesen Beruf wählen. Sie wollen reich werden. Wenn man die Liste der reichsten Deutschen liest, findet man an der Spitze vor allem Unternehmer, ehemalige Unternehmer und deren Erben. Im weltweiten Maßstab ist das genauso.

Aber es gibt noch mehr Gründe, warum Menschen Unternehmer werden. Es sind zum Beispiel oft Leute, die keine Chefs haben wollen. Sie wollen unabhängig sein und entscheiden. Der österreichische Ökonom Joseph Schumpeter behauptete, es sei nicht das Geld, das die Unternehmer treibt, sondern: „das Verlangen, eine private Dynastie zu gründen, der Wille, im Konkurrenzkampf die Oberhand zu behalten, und die Freude an schöpferischer Tätigkeit."

2 Die Welt der Unternehmen

Es gibt Leute mit diesen von Schumpeter beschriebenen Eigenschaften auch im sozialen Sektor. Man nennt sie Sozialunternehmer oder Social Entrepreneurs. Sie werden lange Zeit nicht reich. Sie haben Freude an schöpferischer Tätigkeit, arbeiten mit Feuereifer daran, neue Dienstleistungen und Produkte bereitzustellen, um zum Beispiel armen Menschen zu helfen. Und sie haben großen Einfluss: Der Deutsche Peter Eigen beispielsweise hat die Organisation Transparency International gegründet, die weltweit erfolgreich gegen Bestechung und Korruption kämpft. Der Friedensnobelpreisträger Muhamad Yunus hilft armen Menschen in der Dritten Welt, Geld zu verdienen, indem er eine besondere Bank gegründet hat, die Armen kleine Summen Geld leiht, damit sie ein eigenes kleines Unternehmen errichten können.

Unternehmer finden es offenbar gut, das Leben ihrer Mitmenschen zu beeinflussen, indem sie ihnen Handys geben, das Internet oder kleine Rührgeräte mit Batterie, um Milch für Cappuccino aufzuschäumen.

Sie haben ständig Lust, etwas Neues auf die Beine zu stellen, innovativ zu sein. Dazu gehört auch, etwas Altes kaputt zu machen oder unnütz: Kaum jemand telefoniert heute zum Beispiel noch mit Telefonen, deren Hörer man nicht abnehmen und durch die Wohnung tragen kann. Schumpeter sprach von der zerstörerischen Kreativität der Unternehmer.

Selten sind erfolgreiche Erfinder auch erfolgreiche Unternehmer. Das ist so wie bei Daniel Düsentrieb und Dagobert Duck. Die Daniel Düsentriebs interessieren sich für die Technik, die Dagobert Ducks interessieren sich dafür, wie man den Menschen die Technik andrehen kann – und wie man eine Technik verbreitet. Zusammen sind die Daniel Düsentriebs und Dagobert Ducks ein gutes Team.

2 DIE WELT DER UNTERNEHMEN

Die vier Bs für erfolgreiche Unternehmen

Die Unternehmen haben vier Möglichkeiten, um Kunden zu locken: Sie machen ihre Produkte billig, sie machen sie besser als die Wettbewerber, sie machen sie begehrt oder sie machen sie bequem.

Manche Unternehmen legen die Preise so fest, dass wir nicht lange nachdenken, sondern zuschlagen und das Produkt kaufen. Nicht nur ganz tiefe Preise sind erfolgreich, auch andere Tricks mit den Preisen funktionieren, wie schon beschrieben worden ist.

Die nächste Möglichkeit: Die Verkäufer verkaufen ganz einfach gute Sachen. Hohe Qualität. Das spricht sich rum. Deutsche Autos wie BMW oder Mercedes beispielsweise haben in der Welt einen sehr guten Ruf, weil sie sehr gut gebaut sind, immer auf dem neusten Stand der Technik und sehr schnell fahren.

Drittens: Die Unternehmen machen ihre Hosen, Parfüms oder MP3-Player durch Werbung und Information in den Medien so interessant, dass Kunden sie kaufen wollen. Als Apple sein neues iPhone auf den Markt gebracht hat, bildeten sich in New York lange Schlangen vor den Geschäften. Einige Kunden haben dort sogar übernachtet.

Und Nummer vier: Die Verkäufer nutzen die Bequemlichkeit von uns Kunden aus. Der Pizzaservice um die Ecke beispielsweise verkauft fettige Pizzen mit dicken Böden. Nie könnten die mithalten mit den dünnen knusprigen vom italienischen Restaurant. Doch trotzdem geht der Pizzaservice nicht pleite, denn er liefert seinen Kunden rund um die Uhr frei ins Haus. Und wer abends spät müde nach Hause kommt, will nicht mehr quer durch die Stadt ins Restaurant fahren.

Wie produzieren Unternehmen?

Zigaretten kann der Arbeiter per Hand rollen oder aber mit einer Maschine herstellen. Die Maschinen schaffen das Vielfache der Arbeiter. Die maschinell gefertigten Zigaretten sind viel billiger als handgerollte, zudem stabiler und von einer ständig gleich guten Qualität. Denn die Maschinen ermüden nicht. So sieht man in modernen Zigarettenfabriken kaum noch Arbeiter. Unternehmen produzieren meist mit Maschinen.

Industrieunternehmen unterteilen zudem die einzelnen Arbeitsschritte. In Automobilunternehmen etwa gibt es keinen Arbeiter, der alles macht: den Motor einsetzen, das Dach aufsetzen, die Räder anschrauben. Im großen Maßstab hat die Arbeitsteilung zuerst Henry Ford praktiziert. Er war der Gründer von Ford in Amerika. Die

halbfertigen Autos ließ er ganz langsam auf einem Fließband vorbeifahren. Ein Arbeiter hatte nichts weiter zu tun, als Lenkräder anzubringen. Der nächste schraubt die Räder fest. Jeder Arbeiter entlang des Fließbands hatte genau eine Aufgabe, die er fast im Schlaf erledigen konnte, weil er sie schon so oft erledigt hatte.

Das ist praktisch für die Unternehmen: Sie können an einem Tag viel mehr Autos herstellen und haben Spezialisten für alle Handgriffe. Aber es ist todlangweilig für die Arbeiter. Sie machen dann versehentlich Fehler.

Die Vorteile einer arbeitsteiligen Produktion sind trotzdem gewaltig. Schon Adam Smith, der Vater der Wirtschaftswissenschaft, hat das erkannt und 1776 am Beispiel einer Nadelfabrik dargestellt: „Ein Arbeiter ohne Erfahrung in diesem Geschäft würde kaum eine Nadel am Tag herstellen können, und auf keinen Fall würde er es auf 20 Nadeln bringen. Aber heute ist der Arbeitsprozess in mehrere Stufen unterteilt. Ein Mann zieht den Draht, ein anderer begradigt ihn, ein Dritter schneidet ihn und ein Vierter spitzt ihn an." 18 Arbeitsstufen zählte Adam Smith in der Nadelfertigung des 18. Jahrhunderts. Nach seiner Schätzung konnte ein Arbeiter auf diese Weise im Durchschnitt 4. 800 Nadeln am Tag herstellen. 4. 800 statt 20. Und das vor 250 Jahren.

Heute wird immer noch wie am Fließband gearbeitet. In neuen Produktionsstraßen ersetzen aber immer häufiger Roboter die Menschen: Sie schweißen, lasern, stanzen, lackieren, setzen Schrauben ein und kontrollieren sogar die Qualität. Arbeiter passen darauf auf, dass die Roboter gut funktionieren.

Nach und nach haben in den reichen Ländern wie Deutschland oder den USA Maschinen (Produktionsfaktor Kapital) die Zahl der Arbeiter in den Werkshallen (Produktionsfaktor Arbeit) schrumpfen lassen. Was das für die Menschen bedeutet, darauf kommen wir später noch einmal zurück.

Warum es manchmal die Masse macht

Eine Regel in der Produktion lautet: Bei Großproduktionen werden die einzelnen Güter billiger hergestellt als bei Kleinproduktionen. Wer 100.000 Brote im Monat in seiner Brotfabrik herstellt, kann das einzelne Brot nach aller Wahrscheinlichkeit billiger backen als der Konkurrent mit 20.000 Broten.

Woran liegt das? Es hängt vor allem damit zusammen, dass in jeder Fabrik Ausgaben oder Kosten anfallen, auch wenn gar nichts produziert wird. Das sind die fixen Kosten. Die Fabrik braucht einen Manager, einen Computer, ein Telefon, einen Wachmann und einen Buchhalter, egal ob 100.000 Brote oder 20.000 gebacken werden. Der Manager kann genauso gut 50 Leute organisieren, die 100.000 Brote backen wie er 20 Leute organisieren kann, die 20.000 Brote backen.

Er bekommt das gleiche Gehalt, egal was herauskommt. Das gilt für den Wachmann ebenso. Auch die Miete für das Verwaltungsgebäude ist unabhängig von der Zahl der Brote. Miete, Telefonkosten und Löhne in der Verwaltung sind feste oder auch fixe Kosten. Sie verteuern die Brote. Wenn aber ganz viele Brote gebacken werden, dann werden die fixen Kostenanteile je Brot immer kleiner.

Von einer bestimmten Menge an aber steigen selbst die fixen Kosten: Wenn zum Beispiel zusätzliche Manager eingestellt werden müssen, weil viele Arbeiter zu organisieren sind.

2 DIE WELT DER UNTERNEHMEN

Wenn Fabriken sehr groß werden, dann müssen viele Manager eingestellt werden, die durch andere Manager gemanagt werden müssen. Die Unternehmen werden dann kompliziert und es gibt sehr viel Papier. Das kostet Geld, bringt aber oft nichts.

Die Manager müssen deshalb genau entscheiden, welche Produktionsmenge die beste ist.

Wem gehören die Unternehmen und woher bekommen sie ihr Geld?

Die mit Abstand meisten Unternehmen in Deutschland sind Einzelunternehmen: Sie haben einen Eigentümer, der auch gleichzeitig der Chef ist. Das ist praktisch, hat aber auch Nachteile: Wenn das Einzelunternehmen zu wenig Geld hat, um Schulden zu begleichen, dann muss der Chef an seine privaten Sparkonten gehen, um die Schulden zu bezahlen. Wenn er Pech hat, muss er dafür sogar sein Haus oder sein Auto verkaufen. Das heißt, der Einzelunternehmer haftet für sein Geschäft mit seinem Vermögen.

Das gilt mehr oder weniger für alle Personengesellschaften. Neben dem Einzelunternehmen gibt es noch die Offene Handelsgesellschaft. Hierfür tun sich ein paar Leute zusammen und teilen sich Arbeit und Verantwortung. Sie sind alle Gesellschafter, wie man die Eigentümer von Gesellschaften auch nennt. Gemeinsam stehen sie für Verluste gerade, notfalls auch mit ihrem Privatvermögen. Die dritte Variante ist die Kommanditgesellschaft. Hier gibt es eine Besonderheit, nämlich zwei Sorten von Eigentümern: Der eine – genannt Komplementär – gibt Geld und führt in der Regel die Geschäfte. Er haftet voll. Der andere – der Kommanditist – gibt nur Geld, er arbeitet nicht aktiv im Unternehmen. Wenn etwas schiefgeht, kann der Kommanditist schlimmstenfalls nur das Geld verlieren, das er dem Unternehmen gegeben hat. Für mehr übernimmt er nicht die Verantwortung. Personengesellschaften sind oft die Rechtsform für kleine und mittelgroße Unternehmen.

Große Firmen wählen häufig die Rechtsform der Kapitalgesellschaft: Das sind die Gesellschaft mit beschränkter Haftung (GmbH) und die Aktiengesellschaften (AG). Anders als bei den Personenunternehmen haften hier die Eigentümer nicht mit ihrem Privatvermögen, sondern nur mit ihrer Kapitaleinlage. Das ist das Geld, das jeder Gesellschafter aufbringen muss, damit ihm ein Teil der GmbH oder der AG gehört.

Warum wählt dann nicht jeder die Form der Kapitalgesellschaft, mag sich hier mancher fragen. Da haben die Eigentümer doch viel weniger Risiko. Das stimmt, aber eine Kapitalgesellschaft ist viel schwieriger zu gründen als eine Personengesellschaft: Die gesetzlichen Vorschriften und Kontrollen sind strenger, und außerdem braucht man mehr Geld. Um ein Einzelunternehmen zu gründen, muss man nicht reich sein. Um eine GmbH zu gründen, muss man als Voraussetzung 25.000 Euro auf ein Konto einzahlen. Für eine AG sogar 50.000 Euro.

2 Die Welt der Unternehmen

Bei Kapitalgesellschaften sind oft die Eigentümer nicht selbst die Manager. Die Eigentümer stellen einen Manager ein als Geschäftsführer oder Vorstand und überwachen seine Arbeit. Sie haben bei wichtigen Entscheidungen mitzureden und bestimmen mit, was mit dem Gewinn passiert: ob er auf die Gesellschafter aufgeteilt wird oder ob er im Unternehmen bleibt. Wenn er im Unternehmen bleibt, kann das Management den Gewinn nutzen, um zum Beispiel neue Maschinen zu kaufen, eine neue Fabrik zu bauen oder neue Mitarbeiter einzustellen. Die Hoffnung dahinter: dass dank der neuen Anschaffungen das Unternehmen wächst, wichtiger wird und in Zukunft mehr Geld einnimmt.

Das Besondere an Aktiengesellschaften: Aktien

Es gibt mehrere Unterschiede zwischen GmbHs und AGs, aber einer ist besonders entscheidend: GmbH-Anteile lassen sich nur schwer verkaufen. Manchmal haben die GmbH-Eigentümer sogar einen Vertrag gemacht, der einen Verkauf verbietet oder schwierig macht. Für GmbH-Anteile gibt es keinen öffentlichen Marktplatz.

Bei Aktiengesellschaften ist das anders. Anteile daran heißen Aktien. Wer eine Aktie eines Unternehmens hat, dem gehört ein Stück des Unternehmens. Für Aktien gibt es einen Marktplatz: Das ist die Börse. Hier werden Aktien gehandelt – gekauft und verkauft. Die Börse ermöglicht es ganz normalen Menschen, sich direkt an einem Unternehmen zu beteiligen, an das sie glauben.

2 Die Welt der Unternehmen

Bekannt sind die Aktiengesellschaften, weil Deutschlands bekannteste Firmen wie Siemens, Daimler oder Deutsche Bank die Rechtsform AG haben. Und weil sehr viele Bürger in Deutschland Aktionäre sind. Ihnen gehört ein kleiner Teil der Unternehmen. Das heißt nicht, dass sie über alle Unternehmen gut Bescheid wissen. Aber sie sind auch nicht ohne Einfluss: Die Aktionäre bestimmen einen Aufsichtsrat, der darüber wachen soll, dass die Manager die Arbeit anständig machen. Der Aufsichtsrat muss allen wichtigen Entscheidungen wie dem Kauf eines anderen Unternehmens zustimmen und sorgt für die Gewinnausschüttung.

Erfunden wurden Aktiengesellschaften von Unternehmern, die sehr viel Geld brauchten, sich aber nicht alles von einem Superreichen leihen wollten, der ihnen dann in das Tagesgeschäft reinredet. Manchmal fanden sie aber auch gar keinen Superreichen, der ihnen so viel Geld auf einmal überließ. Also kamen die Unternehmen auf die Idee, Anteilsscheine zu verkaufen – die Aktien. Die Käufer der Aktien – die Aktionäre – haben dann das Recht auf einen Anteil am Unternehmen und auf einen Anteil an dem Gewinn. Falls es dem Unternehmen nicht gut geht, dann werden sie allerdings auch in Mitleidenschaft gezogen. Denn dann sind ihre Anteile weniger wert und es wird kein Gewinn ausgeschüttet. (Gewinnausschüttungen nennt man auch Dividenden.)

Eine der ersten Aktiengesellschaften war die Niederländische Ostindien-Kompanie, die zu Anfang des 17. Jahrhunderts gegründet wurde. Das Unternehmen wollte Schiffe nach Indonesien, Indien und China schicken, um dort Gewürze, Stoffe und Porzellan einzukaufen oder einzutauschen, die man in den Niederlanden zu hohen Preisen verkaufen wollte. Das Vorhaben war sehr teuer und riskant. Bankiers, die bereit waren, den Kaufleuten das Geld vorzustrecken, fanden sich nicht. Deshalb wurden Geldgeber gesucht, die für ihr Geld Aktien erhielten.

Das gilt genauso noch heute. Die Börse ist aus der Sicht der Unternehmen ein Platz, wo sie sich Geld besorgen können.

Exkurs: Die Börse

Die Börse ist ein Fernsehstar. Neben dem Bundeskanzleramt in Berlin, in dem die Kanzlerin ihrer Arbeit nachgeht, kommt wohl keine Einrichtung so oft ins Fernsehen wie die Börse.

Was die Zuschauer da sehen, ist allerdings nur ein kleiner Teil, die Frankfurter Wertpapierbörse, wo Käufer und Verkäufer mit Aktien handeln. Die wahre Aktienbörse findet heute im Computernetz statt.

Die Börse ist ein virtueller Marktplatz, an dem die Aktien täglich gehandelt werden, meistens sogar anonym. Die Mitarbeiter in einer Aktiengesellschaft wissen oft gar nicht, wem ihr Arbeitgeber gerade gehört. Der Käufer weiß oft nicht, wem er die Aktie gerade abgekauft hat. Und der Verkäufer kennt seinen Geschäftspartner auch nicht.

Nicht jede AG ist an der Börse notiert, wie es in der Fachsprache heißt, wenn sie dort Aktien verkauft. Es sind sogar die wenigsten. Vor einem Börsengang sind viele Auflagen zu erfüllen.

Unternehmen kommen an die Börse, wenn die Eigentümer das so wollen: Entweder weil sie ihre Anteile verkaufen wollen oder weil sie dem Unternehmen mehr Geld zuführen wollen. Oder beides.

Das Unternehmen wandelt sich vor dem Börsengang in eine Aktiengesellschaft, wenn es noch keine ist. Die Aktien bekommen die alten Gesellschafter. Zusätzlich gibt das Unternehmen aber meistens noch neue Aktien aus.

Was ist eine Aktie wert? Das ist die spannendste Frage an der Börse. Und die Teilnehmer am Aktienhandel kommen zu unterschiedlichen Ein-

schätzungen. Würden sie nicht zu unterschiedlichen Einschätzungen kommen, dann gäbe es kaum Aktienhandel. Wie viel eine Aktie wert ist, drückt sich durch ihren Preis aus, den sogenannten Kurs. Dieser Kurs schwankt im Laufe eines Tages ständig, denn die Aktien werden permanent gekauft und wieder verkauft. Handel entsteht, weil die Pessimisten verkaufen – sie denken, der Preis kann nicht höher steigen –, während die Zuversichtlichen kaufen. Nehmen wir an, ein Pessimist meint, die Aktie der Firma A ist mit 100 Euro so teuer, wie es nur eben geht. Er ist fest überzeugt, dass die Aktie am nächsten Tag nur noch 90 Euro wert sein wird. Also versucht er, sie heute zu verkaufen. Der Optimist glaubt, dass die Aktie am nächsten Tag 110 Euro wert sein wird. Also schlägt er zu. (Mancher verkauft natürlich auch, weil er das Geld braucht.)

Wodurch entstehen Kurssteigerungen und Kursstürze? Wenn viele Leute eine Aktie kaufen wollen, steigt der Preis, es sei denn, noch mehr Leute wollen dieselbe Aktie verkaufen. Wie auf dem Markt für CD-Player oder Brötchen bestimmt die Knappheit den Preis.

Leute wollen Aktien kaufen, wenn sie neue Nachrichten hören, die das Unternehmen in ihren Augen attraktiver machen. Kündigt die Bundesregierung ein neues Programm zum Ausbau der Autobahnen an, dann könnten zum Beispiel die Gewinne von Bauunternehmen und Zementverkäufern steigen. Diese Überlegung bringt einige Leute dazu, Aktien dieser Unternehmer zu kaufen.

Manchmal sinken nach Ankündigungen von schweren Stürmen die Aktienkurse von Versicherungen. Denn die Versicherungen müssen dann für viele Schäden aufkommen. Das kann ihren Gewinn schmälern. Die Einschätzung der Aktie bezieht sich immer auf zukünftige Entwicklungen. Die Aktiengesellschaft ist soviel wert, wie sie in Zukunft verdient. Pfiffige Teilnehmer am Börsenhandel können die Zukunft gut einschätzen. Was gestern war, spielt an der Börse keine Rolle.

Von Rittern: Wenn Unternehmen Unternehmen kaufen und verkaufen

Jeden Tag kauft in Deutschland ein Unternehmen ein anderes. Ein Bäcker kauft einem Bäcker, der in den Ruhestand gehen will, seine Bäckerei ab. Eine Möbelfabrik will die Nummer eins in Deutschland werden und sammelt einen Konkurrenten nach dem anderen ein und bezahlt die Eigentümer aus.

Die Käufe passieren geräuschlos. Wenn aber große bekannte Unternehmen von anderen Unternehmen übernommen werden sollen, dann gibt es viele Berichte in der Zeitung. Und es gibt Proteste. Das gilt besonders bei Aktiengesellschaften, die an der Börse notiert sind.

An der Börse gibt es eine Besonderheit: An börsennotierte Unternehmen kann sich der Käufer heranschleichen, indem er heimlich Aktien kauft. Aktien werden an Börsen gekauft und verkauft, ohne dass Käufer und Verkäufer sich kennen lernen müssen und ohne dass das Unternehmen davon wissen muss. Erst wenn der heimliche Käufer 5 Prozent von der Aktiengesellschaft erworben hat, hat er sich zu enttarnen.

Und danach kommen dann die Proteste. Zu den Leuten, die sich lauthals wehren, gehören die Topmanager des Unternehmens, das gekauft werden

soll. Sie sprechen von feindlicher Übernahme. Wenn man den Topmanagern zuhört, könnte man meinen, sie sollen von blutrünstigen Rittern überfallen und ausgeraubt werden. Tatsächlich sprechen die Topmanager dann von den Angreifern als schwarze Ritter.

Aber geraubt wird erst einmal gar nichts. Eigentlich passiert bei Übernahmeversuchen nur Folgendes: Ein Unternehmen bittet die Aktionäre eines anderen Unternehmens, ihm die Aktien zu verkaufen. Die Aktionäre entscheiden dann, ob sie den Wunsch erfüllen oder nicht. Sie sind frei in dieser Frage. Eine harmlose Angelegenheit eigentlich.

Aber warum gibt es dann manchmal Proteste des Topmanagements jenes Unternehmens, das gekauft werden soll? Das kann ein erlaubter Trick sein. Die Manager treiben den Preis für das Unternehmen nach oben: Sie sagen, dass das Unternehmen viel mehr wert sei als der gebotene Preis. Damit tun sie den Aktionären ihres Unternehmens einen Gefallen, weil diese dann mehr Geld beim Verkauf ihrer Aktien bekommen können.

Manchmal wehren sich die Manager mit aller Macht, weil sie wirklich gegen den Verkauf sind. Sie kämpfen vor allem dann, wenn sie fürchten müssen, ihren Job zu verlieren. Die Gefahr ist tatsächlich da. Denn das Käuferunternehmen hat oft schon genügend Topmanager, die dann bei einem Kauf einfach zusätzliche Aufgaben übernehmen. Die Topmanager des gekauften Unternehmens werden dann oft überflüssig.

Manchmal protestieren auch die Angestellten und Arbeiter des Unternehmens. Sie müssen um ihre Jobs fürchten. Das gilt besonders, wenn das Unternehmen das andere nur kauft, um dessen guten Ruf zu nutzen, nicht aber dessen Fabriken. Tatsächlich werden dann Fabriken geschlossen.

Eine besondere Gruppe von Unternehmenskäufern sind sogenannte Finanzinvestoren. Dazu gehören die Private-Equity-Gesellschaften, über die

jetzt viel gesprochen wird. Sie sind Spezialisten dafür, Unternehmen zu kaufen, zu erneuern und dann wieder zu verkaufen. Mit Gewinn natürlich.

Für den Kauf nehmen die Finanzinvestoren einen hohen Kredit auf. Wenn das Unternehmen 100 Millionen Euro kostet, bezahlt der Finanzinvestor davon 80 Millionen mit einem Kredit und 20 Millionen mit eigenem Geld. 80 zu 20 ist eine übliche Relation. Den Kredit übertragen sie dann mit ein paar Tricks auf das gekaufte Unternehmen.

Die Unternehmen haben dann hohe Schulden. So komisch das klingt: Das hilft ihnen manchmal sogar. Denn dann müssen sie sich besonders anstrengen, um die Kredite zurückzuzahlen, und leisten sich keine Verschwendung mehr. Die Finanzinvestoren zwingen die Unternehmen damit, sehr hart und konsequent vorzugehen: Dann werden Fabriken geschlossen oder Tochtergesellschaften verkauft, die nicht genügend Geld einbringen. Manchmal kommt es zu Entlassungen. Wegen dieser Härte werden Private-Equity-Gesellschaften zuweilen kritisch gesehen.

Dazu kommt noch, dass sich Finanzinvestoren hohe Ausschüttungen geben lassen: Sie bestimmen, dass vom Gewinn des Unternehmens ein hoher Teil an sie überwiesen wird. So kommen die erfolgreichen Private-Equity-Gesellschaften schnell zu Geld. Manchmal stellen die Finanzinvestoren den Unternehmen noch Gebühren für Beratung und für anderes in Rechnung. Sie kommen, grasen alles ab und verschwinden wieder, lautet ein Vorwurf. Deswegen werden sie manchmal „Heuschrecken" genannt.

Oft gelingt es den Finanzinvestoren aber, das Unternehmen robuster zu machen. Und ganz ausnehmen dürfen sie das gekaufte Unternehmen ja auch nicht. Sie wollen es ja noch weiter verkaufen.

3 Die Welt des Arbeitnehmers

Warum ist Papa arbeitslos?

R und 3,7 Millionen Menschen waren Mitte 2007 in Deutschland als arbeitslos gemeldet. Grob jeder zehnte Mensch, der gerne arbeiten würde, findet keine Stelle, die ihm zusagt. Die Arbeitslosen bekommen dann Geld von der Arbeitsagentur oder von der Stadt, in der sie leben. Aber das ist meistens weniger als der übliche Lohn.

Der wichtigste Grund für Arbeitslosigkeit: Die Unternehmen und die anderen Arbeitgeber wie Staat, Vereine, Kirche, Organisationen stellen zu wenige Leute ein.

3 Die Welt des Arbeitnehmers

Nicht nur Politiker fragen, woran das liegt, sondern auch Ökonomen. Die Wissenschaftler haben eine kühle Art, die Dinge zu betrachten: Sie sprechen zum Beispiel vom Arbeitsmarkt. Es gibt Märkte für iPods, Jeans und Parfüms, und es gibt, sagen die Ökonomen, einen Markt für Arbeitskraft.

Auf diesem Markt gibt es genauso Nachfrage und Angebot. Die Nachfrage stammt von Unternehmen, dem Staat oder von Organisationen. Das sind die Arbeitgeber. Sie suchen Leute, die ihre Körperkraft, Intelligenz, ihr Wissen, ihre besonderen Fähigkeiten und die Zeit zur Verfügung stellen. Dieses Angebot stellen die Arbeitnehmer bereit.

Im Großen und Ganzen klappt das: 38 Millionen Menschen in Deutschland haben Arbeit. Aber 3,7 Millionen eben nicht. Das ist schlecht. Erstens: Wenn 3,7 Millionen Menschen nicht arbeiten, obwohl sie es eigentlich könnten, dann ist das schade: eine Vergeudung. Und ineffizient. Zweitens: Es ist sehr teuer für die Regierung. Sie gibt den Leuten Geld zum Überleben, bekommt aber kaum Steuern von ihnen. Das Schlimmste ist aber, dass Leute, die lange keine Arbeit haben, ihr Selbstvertrauen und ihre Fröhlichkeit verlieren.

Wann stellen Unternehmen ein?

Es muss also Arbeit her. Wann stellen Unternehmen, der Staat oder andere Einrichtungen Leute ein? Arbeitgeber stellen nur Leute ein, von denen sie glauben, dass sie sie zusätzlich brauchen können. Das kann passieren, wenn die Firma wachsen will oder plötzlich die Nachfrage nach den Produkten der Firma steigt. Mitte 2007 waren viele Unternehmen in Deutschland positiv gestimmt, weil sie ihre Produkte so gut verkaufen konnten. Deshalb stellten sie auch viele Leute ein.

3 DIE WELT DES ARBEITNEHMERS

Allerdings hängt die Nachfrage nach Arbeitnehmern auch davon ab, wie ein Unternehmen produziert – ob es viele Herstellungs- und Arbeitsprozesse durch Maschinen erledigen lässt oder ob viele Menschen Hand anlegen müssen.

Im vergangenen Kapitel war die Rede von den Produktionsfaktoren Arbeit, Kapital und Boden. Boden können wir hier vernachlässigen. Mit dem Produktionsfaktor Kapital sind, wie wir wissen, zum Beispiel Maschinen und Geräte gemeint, die Unternehmen einsetzen, um ihre Produkte herzustellen. Und diese Maschinen und Geräte stehen manchmal mit dem Produktionsfaktor Arbeit, nämlich den Menschen, in Konkurrenz: Bei manchen Produktionen sind Menschen durch Maschinen zu ersetzen. Wenn eine Wäscherei beispielsweise plötzlich sehr viel mehr Hemden zur Wäsche als gewöhnlich bekommt, freut das den Eigentümer. Aber er steht auch vor der Herausforderung, wie er die zusätzliche Arbeit bewältigen kann: Soll er zusätzliche Mitarbeiter (Produktionsfaktor Arbeit) einstellen? Oder soll er einen Bügelautomaten (Kapital) kaufen, der die Arbeit erleichtert und beschleunigt?

Der Unternehmer, der Gewinn machen will, kalkuliert. Er will so wenig wie möglich bezahlen. Arbeitnehmer kosten Geld. Je geringer die Löhne sind, umso mehr kann ein Unternehmen verdienen. Wenn die Löhne sehr niedrig sind, dann lohnt es sich zum Beispiel für den Wäschereibesitzer nicht, einen Bügelautomaten zu kaufen. Er kann billige Arbeitskräfte einstellen. Dafür hat aber der Hersteller von Bügelautomaten weniger zu tun und deshalb weniger Arbeitskräfte. Wenn die Löhne hoch sind, kann sich der Kauf eines Bügelautomaten für den Wäschereibesitzer lohnen.

Die Höhe des Lohns spielt bei der Entscheidung des Unternehmers, ob er Leute einstellt, eine wichtige Rolle. Ganz konkret fragt der Unternehmer sich, wie viel er dank der Arbeitskraft des neuen Mitarbeiters mehr verkaufen kann. Wenn diese Summe in absehbarer Zeit höher sein wird als das Gehalt, dann lohnt sich die Einstellung.

3 DIE WELT DES ARBEITNEHMERS

Ein weiteres Phänomen beeinflusst die Kalkulation des Unternehmers, ob er neue Leute einstellt: das Gesetz vom fallenden Grenzertrag. Die Faustregel besagt grob, dass der zusätzliche Ertrag mit jedem neuen Arbeitnehmer kleiner wird. Wenn sich vor einer Pommesbude regelmäßig lange Schlangen bilden, dann kann der Pommesbudenbesitzer eine zweite Friteuse anschaffen und einen Mitarbeiter einstellen. Vielleicht schaffen die beiden es dann, die Zahl der verkauften Pommes zu verdoppeln.

Ein dritter Arbeitnehmer würde aber kaum für die Verdreifachung der verkauften Menge sorgen. Denn dann wird es in der Bude zu eng, die Pommesverkäufer stehen sich im Weg und verlieren so Zeit. Im Kalkül des Budenbesitzers ist die Arbeitskraft des Dritten weniger Wert als seine eigene und die des zweiten Mannes. Ein vierter Mitarbeiter würde kaum noch nützen. Nummer drei hätte nur eine Chance auf Einstellung, wenn er mit weniger Lohn zufrieden ist als Nummer zwei.

Lohnerhöhungen führen aber nicht grundsätzlich dazu, dass die Arbeitslosigkeit steigt. Sie wird vor allem von der Produktivität des Arbeitenden beeinflusst, das heißt von dem Wert der Ware, den er in einer Arbeitsstunde schafft. Was der Arbeitnehmer zusätzlich leistet, darf er auch zusätzlich kosten.

Wer bestimmt, wie hoch der Lohn ist? Von Gewerkschaften und Streiks

Damit kommen wir zum Kern des Problems: Wie kommt die Höhe des Lohns zustande? Auf den Märkten für Jeans, iPods und Parfüms bildet sich der Preis durch Angebot und Nachfrage. Auf dem Arbeitsmarkt gibt es aber eine Besonderheit: In vielen Berufsgruppen gibt es Gewerkschaften, die das Interesse vieler Arbeitenden nach höheren Löhnen bündeln. Nicht jeder Einzelne muss dann seinen Lohn aushandeln: die Gewerkschaften machen das für einen. Sie vertreten in Gehaltsverhandlungen die Arbeitenden und verhandeln mit den Vertretern der Arbeitgeber, wie hoch die Löhne und Gehälter sein sollen. Das gilt zumindest für die meisten Berufsgruppen.

Das Verhandlungsergebnis wird in einen Tarifvertrag geschrieben, der meistens für den jeweiligen Wirtschaftszweig gilt, für das Baugewerbe oder für die Unternehmen der Elektroindustrie zum Beispiel. Arbeitgeber und Arbeitnehmer nennt man auch die Tarifparteien. Sie legen den Lohn eigenständig fest, die Regierung muss sich heraushalten. Das nennt man Tarifautonomie.

Meistens einigen sich die Tarifparteien (Arbeitnehmer und Arbeitgeber). Aber manchmal gibt es auch Ärger. Dann streiken die Arbeitnehmer. Dass heißt, sie kommen nicht zur Arbeit. Mitte 2007 haben zum Beispiel die Lokführer gestreikt. Züge blieben stehen, und viele Reisende kamen gar nicht

3 DIE WELT DES ARBEITNEHMERS

vom Fleck oder nur mit Verspätung am Ziel an. Ein Streik ist erlaubt, wenn der alte Tarifvertrag nicht mehr gilt, weil seine Laufzeit abgelaufen ist.

Die Gewerkschaften hoffen, dass die Unternehmen irgendwann mürbe werden und ein gutes Angebot machen. Die Unternehmen haben Angst vor Verlusten während des Streiks. Manchmal reicht es den Gewerkschaften, einen wichtigen Lieferanten zu bestreiken, um eine Branche lahm zu legen. Wenn zum Beispiel die Arbeiter einer Firma streiken, die die Autoindustrie mit wichtigen Scharnieren für den Fahrzeugbau beliefert, kann durch diesen einen Streik die gesamte Montage von Autos zum Stillstand kommen. Wegen solcher Folgen sind die Arbeitgeber bei Streiks meistens zu Zugeständnissen bereit.

In den vergangenen Jahren sind die Löhne aber trotz der Macht der Gewerkschaften kaum gestiegen. Denn die Unternehmen sind auch nicht machtlos. Sie haben oft damit gedroht, Fabriken in Deutschland zu schließen und ins billigere Ausland zu verlegen, wenn die Löhne zu hoch würden. In Polen zum Beispiel verdienen die Arbeitnehmer rund ein Viertel von dem, was ein Arbeitnehmer in Deutschland bekommt. Die Gewerkschaften haben dann oft Tarifverträgen zugestimmt, in denen die Arbeitgeber versprachen, auf Entlassungen zu verzichten. Dafür verlangten die Arbeitgeber aber, dass die Löhne nur wenig stiegen.

Entscheidend ist, dass bei den Tarifverhandlungen keine Preise herauskommen, die auf normalen Märkten entstanden wären. Wenn auf normalen Märkten CD-Player zu teuer angeboten werden, bleiben ein paar davon im Geschäft liegen, weil sie keiner kaufen will. Wenn auf dem Arbeitsmarkt Arbeitskraft zu teuer angeboten wird, dann finden einige Arbeitnehmer keinen Job. Das dürfte einer der Gründe für die Arbeitslosigkeit sein, glauben zumindest die Ökonomen.

Brutto – Netto

Ein Arbeitnehmer kostet seinen Arbeitgeber mehr Geld, als er jeden Monat auf sein Konto überwiesen bekommt. Der Lohn, der dem Arbeitenden direkt zugutekommt, heißt in der Fachsprache Nettolohn. Wichtig für die Einstellungsentscheidung der Arbeitgeber ist aber nicht der Nettolohn. Entscheidend ist der sogenannte Bruttolohn.

Auf den Nettolohn schlägt der Staat nämlich noch Beiträge zu den Sozialversicherungen drauf: zur Rentenversicherung, zur Arbeitslosenversicherung, zur gesetzlichen Krankenversicherung und zur Pflegeversicherung. Diese Summe mit dem Nettolohn zusammen ergibt dann den Bruttolohn.

Der Bruttolohn enthält also die Beiträge zu den Sozialversicherungen, die zur Absicherung der Arbeitnehmer dienen, wenn sie alt, krank oder arbeitslos sind oder zum Pflegefall werden. Die Beiträge zu diesen Versicherungen werden in etwa zur Hälfte vom Arbeitnehmer bezahlt. Die andere Hälfte aber bezahlt der Arbeitgeber. Deswegen ist für den Arbeitgeber der Bruttolohn viel teurer als der Nettolohn.

Wenn die Höhe der Löhne die Arbeitslosigkeit beeinflusst, dann sind also nicht nur die Arbeitgeber und Arbeitnehmer beteiligt, die die Tarifverträge aushandeln. Sondern auch der Staat: denn der setzt die Höhe der Sozialversicherungsbeiträge fest.

3 DIE WELT DES ARBEITNEHMERS

Entlassungen

Die Arbeitslosigkeit wird aber von noch einem Faktor beeinflusst: von der Angst der Unternehmen, die Arbeitnehmer nicht einfach entlassen zu können. Die Unternehmen haben Angst vor Zeiten, in denen die Kunden plötzlich ihre Produkte nicht mehr kaufen. Dann wollen sie oft Arbeitnehmer entlassen, weil es weniger zu tun gibt und weil die Lohnkosten zu hoch sind. Das geht aber nicht so einfach. Schutzrechte behüten den Arbeitnehmer davor, von heute auf morgen entlassen zu werden.

Aus der Sicht des Arbeitnehmers sind diese Rechte eine gute Sache. Wenn er nicht so ohne weiteres entlassen werden kann, fühlt er sich sicher. Dann richtet er sich in seiner Gemeinde ein, kauft vielleicht ein Häuschen und gründet eine Familie. Wenn sein Job ständig bedroht ist, bleibt er auf dem Sprung.

Andererseits wird das Risiko für Unternehmen höher, Leute zu beschäftigen. Sie stellen dann vielleicht lieber Leute in Ländern ein, die Entlassungen zulassen. Das gilt für internationale Unternehmen und für solche, die überlegen, in welchem Land sie eine neue Fabrik gründen wollen.

Schließlich gibt es noch ein Problem. Zwar suchen in Deutschland mehr als 3 Millionen Menschen Arbeit, gleichzeitig gibt es aber hunderttausende unbesetzte Stellen in vielen Unternehmen. So komisch es klingt: Es fehlen nicht nur Arbeitsplätze, sondern auch Arbeitskräfte. Die Wirtschaft spricht vom Fachkräftemangel. Ingenieure fehlen beispielsweise, aber auch Handwerker.

Wie kann das sein? Viele Arbeitslose haben keinen Schulabschluss und keine berufliche Ausbildung. Deshalb können die Arbeitgeber nicht viel mit ihnen anfangen. Sie passen nicht auf die Stellen, die sie besetzen wollen. Andere Arbeitslose sind alt und wollen ihre alte Heimat nicht verlassen, selbst wenn es Jobs für sie in anderen Orten gibt.

Eine einfache Lösung gibt es leider nicht.

Exkurs: Klauen Maschinen Arbeitsplätze?

Die Firma Stollwerck hat eine Schokoladenfabrik in Berlin. Sie ist fast komplett automatisiert und kann am Tag aus 70 Tonnen Schokolade 700.000 Tafeln herstellen. Die wenigen Menschen an den Produktionsstraßen sorgen für Sauberkeit, packen die fertig eingewickelten Schokoladen in Kisten oder kontrollieren die Qualität. Den Rest erledigen Maschinen.

So oder so ähnlich wie bei Stollwerck sieht es heutzutage auch in anderen Süßwarenunternehmen aus. Früher waren Schokoladenfabriken dagegen noch nicht so mit Maschinen vollgestopft. Einzelne Arbeitsschritte wurden von Arbeitern erledigt: zum Beispiel Kakaobutter gewinnen, Zucker und Aromastoffe dazugeben, Schokoladenmasse verarbeiten. Mit den Maschinen wurden diese Handgriffe dann später überflüssig. Auf den ersten Blick sind durch neue Maschinen also Arbeitsplätze verloren gegangen.

Stimmt das? Zum einen muss man annehmen, dass die Herstellung der Maschinen anderswo Arbeit erfordert hat. In den Maschinenbau-Unternehmen sind Jobs entstanden, die es vorher nicht gab.

Aber in der Schokoladenfabrik wird der Arbeitsplatzverlust vermutlich nicht ausgeglichen. Würde, gemessen an Lohnkosten, genauso viel Arbeit entstehen, wie eingespart wird, hätte es keinen Sinn, Maschinen zu kaufen.

Interessant sind die Folgen, die die Automatisierung einer Schokoladenfabrik auf die Wirtschaft hat: Nach einer Weile zahlen sich für den Unternehmer die neuen Maschinen aus. Er spart Geld und macht mehr Gewinn. Er hat nun drei Möglichkeiten, diesen Gewinn zu verwenden. Er könnte ein paar zusätzliche Maschinen kaufen, um noch bessere Ergebnisse zu bekommen (investieren). Er könnte das Extrageld beim Juwelier, im Reisebüro oder beim Herrenschneider auf den Kopf hauen (konsumieren oder einkaufen). Oder er legt das Geld irgendwie an, etwa in ein paar Aktien.

Das Besondere: Alle drei Möglichkeiten können theoretisch Arbeitsplätze schaffen. Neue Maschinen bringen Arbeitsplätze – in der Maschinenbauindustrie und im Verkauf. Neuer Schmuck bringt Jobs – in der Juwelierbranche. Und selbst Aktien haben diesen Effekt: Hat eine Firma die Aktie selbst ausgegeben, dann nutzt sie die Verkaufserlöse zum Beispiel für neue Maschinen. Im anderen Fall nutzt der Aktienverkäufer das Geld zum Investieren, Konsumieren oder Anlegen. All das kann wiederum Arbeitsplätze bringen.

Die Geschichte ist aber noch nicht zu Ende. Wenn die Konkurrenz erkennt, dass der Schokoladenfabrikant tolle Gewinne dank seiner neuen Maschinen macht, dann wird sie die gleichen Maschinen kaufen. Und so noch mehr Arbeit schaffen (und gleichzeitig im eigenen Haus Arbeitsplätze vernichten).

Stellen wir uns nun vor, dass irgendeiner der Unternehmer, der eine neue Schokoladenmaschine gekauft hat, darauf verzichtet, Extragewinn zu ma-

chen. Stattdessen macht er die Schokolade billiger (weil er ja dank der Maschinen auch billiger produziert). Das kann zwei Konsequenzen haben: Entweder die Kunden kaufen mehr Schokolade (was der Unternehmer hofft). Oder aber sie behalten Geld übrig, dass sie gewöhnlich für Schokolade ausgegeben hätten. Dafür geht der Kunde zum Beispiel häufiger zum Friseur, um sich die Haare schneiden zu lassen, oder in einen Klamottenladen, um neue T-Shirts zu kaufen.

In beiden Fällen bedeutet das: Mehr Arbeit entsteht. Entweder in der Schokoladenfabrik, weil die Menschen mehr von den billigeren Tafeln haben wollen. Oder beim Friseur (oder bei anderen Unternehmern), weil mehr Menschen zum Haare schneiden anstehen.

Dass die Arbeiter der Schokoladenfabrik, die ihren Job verloren haben, unglücklich sind, ist klar. Aber gleichzeitig entstehen durch eine kostengünstigere Produktion überall in der Wirtschaft neue Arbeitsplätze.

Aber was ist die Alternative zur Automatisierung und zur Technik? Die Menschen können schließlich keine schwere Frachten zu Fuß auf ihrem Rücken von Passau nach Flensburg tragen, nur weil wir Güterzüge als Arbeitsplatzvernichter ablehnen.

3 DIE WELT DES ARBEITNEHMERS

3 DIE WELT DES ARBEITNEHMERS

Warum verdient Ronaldinho mehr als mein Papa?

Der brasilianische Fußballprofi Ronaldinho verdient ungefähr 800-mal soviel Geld wie der Durchschnittsarbeitnehmer in Deutschland. Journalisten einer amerikanischen Zeitschrift haben ausgerechnet, dass Ronaldinho 31 Millionen Euro im Jahr einnimmt. Der Durchschnittsarbeitnehmer mit Vollzeitjob bekommt in Deutschland ungefähr 40.000 Euro im Jahr.

Ronaldinho und Herr Durchschnitt sind beide Angestellte: Ronaldinho vom Fußballclub Barcelona, Herr Durchschnitt bei einer ganz normalen Firma. Dass Ronaldinho deutlich mehr arbeitet als der normale Arbeitnehmer, ist nicht gewiss. Er hat zwei bis drei Stunden Training am Tag, dann ein bis zwei Spiele in der Woche und hinzu kommen noch Werbeveranstaltungen für Unternehmen wie Nike. Unwahrscheinlich, dass der Brasilianer mehr als die üblichen 40 Stunden in der Woche arbeitet.

Und trotzdem verdient er Millionen. Warum sind die Arbeitgeber und Geschäftspartner bereit, mal mehrere Millionen auszugeben, mal 40.000 und mal gar nichts?

Klassische Tarifverhandlungen gibt es im Profifußball nicht. Jeder Spieler handelt das Gehalt selbst und nur für sich aus. Er lässt sich dabei von seinen Beratern helfen. Aber wie kalkulieren die Clubs?

Ökonomen würden kühl sagen: Das Gehalt von Ronaldinho ist angemessen, solange der zusätzliche Nutzen, den er stiftet, noch darüber liegt. Mit anderen Worten: Gewinnt seine Mannschaft dank seiner Spielkunst die Champions League und verkauft viele Fan-Artikel, dann verdient der Club viel, viel Geld – viel mehr Geld, als der Brasilianer kostet.

Allerdings: Vorhersagen können die Clubs das natürlich nicht. Und mancher Weltstar hat schlechte Saisons. Dann bleibt zu hoffen, dass trotzdem viele Zuschauer wegen ihm ins Stadion kommen oder seine Trikots kaufen.

Der entscheidende Unterschied zwischen Herrn Durchschnitt und Ronaldinho liegt in der Mischung aus globaler Bekanntheit und Beliebtheit. Keiner kennt Herrn Durchschnitt. Aber fast alle kennen den Spieler mit der Zahnlücke.

Die Bekanntheit verdankt Ronaldinho nicht nur seiner großen Spielkunst, sondern auch dem Fernsehen, das seine Auftritte weltweit überträgt. In vielen Ländern wollen Leute Spiele mit ihm sehen, seine Trikots kaufen. Das ist super für die Sportartikelfirma, die Fußballschuhe in seinem Namen auf der ganzen Welt verkauft und damit etliche Millionen einnimmt.

Es könnte also sein, dass 31 Millionen Euro ein angemessener Lohn sind, weil Ronaldinho seinem Club und seinen Geschäftspartnern mindestens so viel Geld verdient. Er bringt eine global akzeptierte Spitzenleistung.

Aber wenn er plötzlich dauerhaft schlecht spielt – dann hat der ganze Spuk ein Ende.

Mein ältester Sohn hat kürzlich Konfirmation gefeiert. Zu diesem Fest geben Verwandte, Freunde, Bekannte und Nachbarn Geschenke. Als ich selbst Konfirmation hatte, gab es Praktisches: Handtücher, Taschentücher, Zinnbecher und etwas Geld. Ich hätte viel lieber Geld gehabt, zumindest lieber als Zinnbecher und Taschentücher.

Mein Sohn hatte Glück: Er bekam vor allem Geld. Das ist praktisch für ihn. Denn Geld lässt seinem Besitzer alle Möglichkeiten. Mit einem Zinnbecher dagegen ist man ziemlich festgenagelt.

Mein Sohn kann mit dem Geld Bücher kaufen, DVDs oder zum Beispiel zum Friseur gehen und für 12 Euro seine Haare schneiden lassen. Was würde meine Friseurin sagen, wenn ich mit einem Zinnbecher von meinem Onkel Werner anrücken würde, um damit zu bezahlen? Meine Friseurin ist sehr

4 Das liebe Geld

nett und temperamentvoll. Sie ist aus Griechenland. Sie würde mich auslachen, den Becher in der Hand wiegen und kurz überlegen, ob sie ihn gegen meinen Kopf wirft.

Gäbe es kein Geld, würde meine Friseurin mir die Haare schneiden, wenn ich ihr dafür etwas gäbe, das in ihren Augen genau einen Haarschnitt wert ist. Ich könnte dafür abends vielleicht den Salon ausfegen. Andererseits würde ich dann nicht mit diesem Buch rechtzeitig fertig. Ich kann besser schreiben als fegen.

Ich könnte ihr Wurst mitbringen von meinen Eltern, die Landwirte sind. Das könnte klappen. Aber in meiner Stammkneipe könnte ich nicht mit Wurstdosen bezahlen, in Supermärkten sowieso nicht.

Tauschen ist aus mehreren Gründen schwierig. Wenn jemand etwas hat, was ich haben will, dann bekomme ich es nur, wenn zwei Bedingungen erfüllt sind. Er will mein Wunschobjekt verkaufen und er will haben, was ich ihm zum Tausch anbiete. Dazu kommt noch ein Problem: Beide Wunschobjekte müssen in den Augen beider Betrachter außerdem gleichviel wert sein.

Wenn jemand eine Jeans anbietet und auf mein Fahrrad scharf ist, welches ich gerade loswerden will, dann ist nur der erste Schritt getan. Mir könnte dann der Gedanke kommen, dass seine Jeans nur 30 Prozent Fahrrad wert ist. Was nun? Fahrräder kann man nicht zerteilen.

Wenn ich dagegen mit Geld statt mit einem Fahrrad bezahle, habe ich beide Probleme nicht. Der Jeanshändler nimmt das Geld gerne, weil er es selber universell einsetzen kann. Außerdem ist das Geld auch in kleine Einheiten teilbar, ohne dass es an Wert verliert.

Experten sagen, Geld ist nützlich als Recheneinheit und als Tauschmittel. Und es gibt noch etwas Nützliches am Geld. Es verdirbt nicht, nutzt sich

nicht ab. Zumindest meistens ist das so. Selbst ein abgegriffener, beklecker-
ter, eingerissener 10-Euro-Schein ist genauso viel wert wie ein nagelneuer
10-Euro-Schein. Dazu sagen die Fachleute, Geld dient als Wertaufbewah-
rungsmittel.

Das harte Geld

Damit das Geld funktioniert, müssen die
Menschen ihm Vertrauen schenken. Sie
müssen an den Wert glauben und daran,
dass es auch für andere wertvoll ist.
Ohne Vertrauen in den Wert würde ich
meine Sachen nicht gegen Geld abgeben.

Theoretisch kann alles zu Geld erklärt werden: Kugelschreiber, Ansichtskarten oder irgendetwas anderes. Die Hauptsache ist das Vertrauen.
Der Glauben an den Wert verschwindet schnell, wenn jeder das „Geld"
ohne Aufwand herstellen kann und darf.

In allen Teilen der Welt haben sich im Laufe der Geschichte Formen des Geldes entwickelt. Auf der Pazifikinsel Yap waren große Steinscheiben eine
Währung, die heute noch bei traditionellen Festen eine kleine Rolle spielt.
Sie sind bis zu vier Meter hoch. Die Steinscheiben haben sich nicht durchgesetzt, vermutlich weil sie so unhandlich sind.

Zwei gute Eigenschaften allerdings kann man den Steinscheiben nicht abspre-
chen. Sie verrotten nicht. Und: Die Zahl an Steinscheiben ist begrenzt. Um neue
zu bekommen, riskierten die Insulaner ihr Leben. Sie wagten sich auf Flößen
auf eine 600 Kilometer lange Reise zu einer anderen Insel mit Steinbrüchen.
Dort brachen die Männer Brocken heraus, schleppten sie auf ihre Flöße und

4 Das liebe Geld

brachten sie heim. Das war so anstrengend, dass die Menge des Steingeldes überschaubar blieb. Damit blieb es knapp und behielt seinen Wert.

Auf den Fidschi-Inseln waren Walzähne die Währung, unter Indianern aus Muscheln gefertigte Perlen. In Deutschland nach dem 2. Weltkrieg hatten Zigaretten eine Zeitlang die Funktion einer Währung: Die konnte man tauschen gegen Brot, Eier oder Milchpulver, bis wieder geordnete Verhältnisse mit richtigem Geld herrschten.

Vermutlich schon vor 4.000 Jahren tauchte zum ersten Mal Metallgeld auf. Es hatte all die oben beschriebenen Eigenschaften. Es war transportabel, stabil und glaubwürdig. Die Glaubwürdigkeit hing unter anderem damit zusammen, dass die Münzen einen Eigenwert hatten. Die Griechen führten vor 2.700 Jahren Silbermünzen ein. Und Silber galt als wertvoll, unter anderem weil man daraus Schmuck herstellen kann.

400 Jahre lang ließen die Griechen den Silbergehalt der Münzen stabil. Die Münzen wurden so vertrauenswürdig, dass sie Verbreitung in großen Teilen der Welt fanden. Altertumsforscher haben die griechischen Münzen in Spanien entdeckt und sogar in Indien.

Die Römer fanden die Idee mit der zuverlässigen Währung prima und führten ein System mit Goldmünzen und Silbermünzen ein. Das funktionierte ganz gut bis zur Zeit des Kaisers Nero.

Sein Kaiserreich hatte gewaltige Schulden. Deshalb dachte sich die Regierung den Trick aus, in die Silbermünzen immer weniger des wertvollen Silbers einzuschmelzen und es durch billigeres Metall zu ersetzen. Genauso machten sie es mit den Goldmünzen. Damit aber büßten die Münzen an Vertrauen ein. Der Bäcker, der früher einen Denar für sein Brot verlangte, verlangte nun zwei. Alles wurde teurer. Das nennt man Inflation, und wir kommen später noch einmal darauf zu sprechen.

Das Papiergeld

Die Chinesen begannen schon im 10. Jahrhundert mit Papiergeld, das einen großen Vorteil hatte: Es war leichter herzustellen und leichter zu transportieren als Metallgeld. Allerdings: Das Papiergeld hatte, anders als die Silbermünzen, keinen eigenen Wert. Und das war ein entscheidender Unterschied zum Metallgeld.

Wie schaffte es die chinesische Regierung dann, dass die Menschen Vertrauen in den Wert der Scheine hatten? Zum einen war die Herstellung der Papiere sehr schwierig und zudem war sie ein Privileg der Kaiser. Nur sie durften Geldscheine drucken lassen. Das Papier bekam Gültigkeit und Wert durch die chinesischen Kaiser. Das funktionierte ein paar Jahrhunderte ganz gut. Offenbar stifteten die chinesischen Kaiser das nötige Vertrauen.

Europa war noch lange nicht so weit. Dort misstrauten viele Menschen den Scheinen, denn anders als Gold- oder Silbermünzen hat Papiergeld keinen Materialwert. Die rettende Idee hatte der Schotte John Law. Er erfand Anfang des 18. Jahrhunderts ein System, das das Vertrauen der Menschen in Papiergeld stärken sollte. Er ließ Papierzettel ausgeben, auf denen die Garantie vermerkt war, dass man sie jederzeit gegen eine bestimmte Menge von Münzgeld oder Edelmetallen eintauschen konnte. Dieses Prinzip wurde später auf „echte" Geldscheine übertragen.

4 DAS LIEBE GELD

Bis in die siebziger Jahre des vergangenen Jahrhunderts funktionierte das System. Zumindest im Prinzip. Alle wichtigen Währungen konnte man in die vorherrschende Währung US-Dollar umtauschen. Und Dollars hatten bis 1971 die Umtauschgarantie in Gold – Dollars konnten in einem festgelegten Verhältnis in Gold umgetauscht werden, das in der Zentralbank lagerte. Heute haben die staatlichen zuständigen Zentralbanken immer noch viel Gold gelagert. Doch die Umtauschgarantie gibt es nicht mehr. Denn inzwischen glauben die Leute in den Industrienationen an ihre Währung auch ohne die Gold-Garantie.

Das unsichtbare Geld

Münzen und Scheine haben sich bewährt, aber sie haben einen großen Nachteil. Ich muss sie immer dabei haben und zum Verkäufer bringen, wenn ich etwas kaufen will. Versandhändler wie Quelle oder Internet-Kaufhäuser wie Amazon beruhen darauf, dass die Kunden per Katalog oder im Web bestellen, ohne vorher zu irgendeinem Geschäft gehen zu müssen. Wenn die Kunden trotzdem bei Quelle oder Amazon vorbei-

kommen müssten, um das Geld zu bringen, wäre der Vorteil des Versandhandels weg. Deswegen hat man sich etwas einfallen lassen: das Bezahlen ohne das Herüberreichen von Scheinen und Münzen.

Bargeldloser Zahlungsverkehr wurde schon vor langer Zeit erfunden. Not und Gefahr halfen dabei: Die Kaufleute vor 500 Jahren führten ein ziemlich riskantes Leben. Sie schlossen sich zu großen Gruppen zusammen, bezahlten ein paar Soldaten zum Schutz und zogen dann von Stadt zu Stadt mit ihren Waren. Trotzdem: Überfälle passierten oft. Und die Kaufleute verloren dabei ihre Ware und ihr Geld, das sie schon verdient hatten.

Kaufleute wollten deshalb nicht mehr mit viel Geld unterwegs sein. Sie kamen auf die Idee, das eingenommene Geld einzulagern. Zum Beispiel bei Goldschmieden. Goldschmiede hatten einen großen Vorteil: Sie verfügten über Lagerräume mit dicken Wänden und schweren Türen davor. Darin bewahrten die Handwerker das Gold auf, das sie zu Schmuck verarbeiteten. Dort war das eingenommene Geld sicher zu lagern. Für das eingelagerte Geld bekamen die Kaufleute ein Papier, auf dem die Menge Geld notiert war, die sie dem Goldschmied zur Aufbewahrung gegeben hatten.

Mit dem Papier versprachen die neuen Geldbewahrer (die Goldschmiede), dem Besitzer des Papiers bares Geld auszubezahlen. Das Stück Papier war also eine Art Zahlungsversprechen. Die Kaufleute erkannten, dass sie mit dem Zahlungsversprechen selbst auch einkaufen gehen konnten. Das war praktisch, denn dann mussten sie kein Geld bei sich führen. Wenn ein Kaufmann beispielsweise einen Ballen Seide einkaufte, reichte er das Papier dem Seidenverkäufer. Der nahm es und reichte es bei dem Goldschmied ein. Der Goldschmied schrieb dem Seidenverkäufer einen Geldbetrag gut und bestätigte dies auf einem neuen Papier. Den gleichen Betrag zog er dem Kaufmann von seinem bei ihm eingelagerten Geldbestand ab. Damit wurde das Papier zu einem Scheck. Schecks sind heute in Deutschland nicht mehr so oft zu sehen, aber in den Vereinigten Staaten sind sie noch ein sehr übliches Zahlungsmittel.

4 DAS LIEBE GELD

Heute gibt eine ganze Menge Arten, Sachen zu bezahlen. Bargeld ist inzwischen der kleinste Posten. Eine viel häufigere Methode ist die Überweisung, bei der das Geld ebenfalls unsichtbar bleibt. Viele Rechnungen werden so beglichen, die Miete zum Beispiel. Aber auch Gehälter werden per Überweisung gezahlt. Das Gehalt wird direkt vom Bankkonto eines Unternehmens auf das Konto der Angestellten überwiesen. Dabei transportiert niemand Geldmünzen oder Scheine hin und her: Die Bank hält stattdessen auf Dokumenten und in Tabellen fest, wer wem wie viel gibt. Sie zieht auf dem Konto des Arbeitgebers die entsprechende Summe ab und addiert sie auf das Konto des Arbeitenden hinzu. Vermerkt wird das Ganze auf dem Kontoauszug.

Die andere Möglichkeit ist die EC-Karte. Im Supermarkt zückt man nicht sein Portemonnaie, sondern seine Karte, die durch ein Lesegerät gezogen wird. Dann bestätigt man mit der grünen Taste den Betrag, gibt die Geheimnummer ein und bestätigt noch einmal den Betrag. Mit dem zweiten Knopfdruck wird der Geldbetrag vom Konto abgebucht und auf das Konto des Supermarktes gebucht. Das funktioniert, weil das Lesegerät an einem Computersystem hängt, das prüft, ob die EC-Karte gültig ist und ob die Geheimnummer zur Karte gehört. Das Computersystem ist direkt mit den Banken verbunden.

Zahlen kann man auch mit einer Kreditkarte, die so ähnlich wie die EC-Karte funktioniert. Der Unterschied ist, dass bei der Zahlung mit Kreditkarte der Betrag nicht sofort vom Konto abgebucht wird. Stattdessen sammelt das mit der Kreditkarte verbundene System alle Zahlungen, die man im Laufe eines Monats tätigt, und hebt dann den ganzen Betrag nach rund vier Wochen auf einmal ab. Die Kreditkarte ist in vielen Ländern beliebter als die EC-Karte. Um Zahlungen über das Internet abzuwickeln, haben Unternehmer neue Zahlungssysteme erfunden. Inzwischen ist es auch möglich, Zahlungen über das Handy abzuwickeln. Das wird bald ganz normal sein.

Den Tausch gibt es übrigens immer noch. In vielen Städten gibt es Tausch-ringe. Dort wird zum Beispiel eine Stunde Rasen mähen gegen eine Mas-sage getauscht. Oder einmal Babysitten gegen zwei Stunden Mathe-Nach-hilfe. Das dient aber vor allem dem Spaß und der Gemeinschaft.

Banken und Zinsen

Geld ist wichtig, damit man shoppen kann. Der Dienstleister, der Geld zur Verfügung stellt, ist die Bank. Sie bewahrt Geld auf und gibt es an den Kunden: ent-weder als Kredit – dann ist es geliehen und muss zurückgezahlt werden – oder als Auszahlung. Dann nimmt sie es von dem Geld, das auf dem Konto des Kun-den liegt und ihm gehört.

Dass Banken entstanden sind, hängt damit zusammen, dass sich viele Men-schen genau so einen Service gewünscht haben. Wie das passiert ist, weiß man so einigermaßen.

Schon 3.000 Jahre vor Christi Geburt lassen sich Bankgeschäfte im Orient nachweisen. Es begann damit, dass Tempel und Königspaläste Güter zur Auf-bewahrung entgegennahmen, Gold und Getreide zum Beispiel. In den Tem-peln war es so vor Räubern geschützt. Die Tempelwächter durften mit den Gütern sogar Geschäfte machen, solange sie garantierten, die eingelagerte Menge zu einem festen Zeitpunkt an den ursprünglichen Besitzer wieder herauszurücken. Die Tempelwächter verliehen das Gold und das Getreide gegen einen kleinen Gewinn. Wer sich Gold lieh, musste nach einer gewis-sen Zeit etwas mehr Gold zurückgeben. Der Gewinn des Tempelwächters war der Zins.

4 Das liebe Geld

In Griechenland im 7. Jahrhundert v. Chr. gab es schon einen Beruf, den man heute als Bankier bezeichnen würde. Die Bankiers verliehen Geld an die Menschen und ließen sich die Rückzahlung absichern: Wer die Schulden nicht zurückzahlen konnte, wurde als Sklave verkauft. Dieses System haben die Römer von den Griechen kopiert.

Im Mittelalter kannte man lange nur einen Bankiersberuf: den des Geldwechslers. Die Geldwechsler stellten ihren Tisch – der auf Italienisch „banca" heißt – auf dem Marktplatz auf. Anfangs wechselten die „banchieri" nur Geld, dann nahmen sie auch Geld zur Aufbewahrung an. Lange wollte die Kunden, die Geld zur Aufbewahrung gegeben hatten, genau dieselben Münzen wieder zurück, die sie vorher in der Hand gehabt hatten.

Als sich das änderte und die Leute immer mehr Vertrauen fassten, konnten die Bankiers beginnen, das aufbewahrte Geld zumindest teilweise zu verleihen. In dieser Zeit entstand auch das Wort „Bankrott". Dem Bankier, der aufbewahrtes Geld nicht zum versprochenen Termin zurückgeben konnte, wurde die „banca" auf dem Marktplatz zerschlagen. Das Ergebnis: „banca rotta".

Um 1200 entstand in dem italienischen Stadtstaat Venedig die erste richtige, spezialisierte, offizielle Bank namens Montevecchio. Als die Republik Venedig dringend Geld brauchte, lieh sie sich das Geld von der Bank.

Später entwickelten sich immer mehr Banken, weil Fürsten, Kaufleute und die Industrie Geld benötigten, das sie sich leihen mussten. Das hat sich bis heute nicht geändert. Das Kreditgeschäft ist für die Banken immer noch sehr wichtig.

Für unerfahrene Bankkunden dürfte das überraschend sein: Sie bringen Geld zur Bank und zahlen es auf ihr Konto ein. Aber ihr Geld bleibt dort gar nicht liegen. Es wird zwar in Büchern und auf dem Kontoauszug vermerkt, dass der Kunde einen Betrag auf sein Konto eingezahlt hat. Aber das

Geld wird gleich weiter verliehen. Die Bank arbeitet damit und macht mit dem Geld Geschäfte, wie damals die Tempelwächter. Es kann sich sogar zufällig Folgendes ergeben: Ein Arbeiter zahlt einen 100-Euro-Schein auf sein Konto ein. Die Bank verleiht den Schein an den Chef des Arbeiters. Der Chef gibt ihn später dem Arbeiter, der es wieder auf sein Girokonto einzahlt. Das Girokonto des Arbeiters wächst, die Schulden des Chefs wachsen und die Bank macht gute Geschäfte. Und das alles mit einem einzigen 100-Euro-Schein.

Das ist ziemlich verwirrend. Mein jüngster Sohn ist eine Zeitlang regelmäßig zur Volksbank gegangen, um zu kontrollieren, ob sein gespartes Geld noch da ist. Er konnte sein Misstrauen nie ganz ablegen.

Der böse und der gute Zins

Eine der wichtigsten Tätigkeiten der Bank ist das Kreditgeschäft – so nennt man es, wenn Banken Geld verleihen und dafür einen Zins nehmen. Der Zins ist der Preis, den die Banken für das Geldverleihen verlangen: Ein Kunde bekommt beispielsweise 100 Euro von der Bank für ein Jahr geliehen und muss dann 110 Euro zurückzahlen. Die Differenz zwischen den geliehenen und dem zurückzuzahlenden Geld ist der Zins. Er ist der Grund, weswegen die Vergabe von Krediten für die Bank ein Geschäft ist.

4 DAS LIEBE GELD

Zinsen waren immer umstritten. Viele Menschen finden es nicht gerecht, dass ein Bankier Geld für scheinbar Nichts erhält. Er verleiht Geld, das ihm nicht gehört, und bekommt mehr zurück.

Das ist aber nicht die ganze Wahrheit. Denn der Bankier hat schon Arbeit. Bevor er einem Kunden etwas leihen kann, muss er erst einmal Geld einsammeln. Das ist manchmal gar nicht so leicht, weil es viel Konkurrenz gibt.

Es gibt ein zweites Argument, warum der Bankier die Zinsen verdient hat. Kredite geben kann ein riskantes Geschäft sein. Wenn der Kreditnehmer Schiffbruch erleidet, dann ist das Geld verschwunden. Dann sitzt die Bank in der Klemme und muss notfalls aus eigener Tasche zahlen. Damit der Bankier das Risiko trotzdem eingeht, muss er Geld verdienen, um ein Sicherheitspolster zu haben.

Und das dritte Argument für den Zins geht so. Kredite gibt es, weil Menschen Kredit haben wollen. Sie wollen damit zum Beispiel ein Haus für die Familie kaufen. Bekäme die Familie den Kredit nicht, dann könnte sie das Haus nicht kaufen. Damit sie den Kredit aber kriegen kann, muss es Leute geben, die ein Interesse daran haben, Geld zu verleihen. Dieses Interesse haben sie nur, wenn sie damit Geld, also Zins, verdienen können.

Zwei Parteien nützt das Verleihgeschäft: dem Bankier und dem Kreditnehmer. Es geht ihnen besser als ohne Kredit. Der Bankier verdient, der Kreditnehmer kauft sich etwas, was er sonst nicht bezahlen könnte. Was ist dagegen zu sagen?

Der bekannte amerikanische Ökonom Irving Fisher erzählte gerne folgende Begebenheit aus seinem Leben: Er ließ sich von einem Masseur massieren. Der Masseur verkündet dabei, dass Zins blanker Diebstahl sei. Irving Fisher hörte stumm zu. Am Ende der Massagestunde verlangte der Masseur 30 Dollar. Fisher sagte darauf sinngemäß: Gerne, ich möchte aber nicht heute zahlen, sondern erst in einigen Jahren. Geben Sie mir einen Kredit, ich zahle die 30 Dollar irgendwann später zurück. Der Masseur entgegnete: Solange kann ich nicht warten. Ich brauche das Geld jetzt.

Fisher entgegnete dem Masseur in etwa mit folgenden Worten: „Sehen Sie, das Geld, das man heute bekommt, ist mehr wert als das Geld, das man in einem Jahr oder in zehn Jahren bekommt." Der Preis für den Verzicht auf die sofortige Rückzahlung des Geldes ist nichts anderes als das, was die Banken Zins nennen: Wer erst in einem Jahr zurückzahlt, kann das tun, muss dafür aber etwas mehr zahlen. Zum Beispiel 32 statt 30 Dollar.

Die etwas kompliziert klingende Definition von Zins lautet daher: Zins ist der Preis für die zeitweise Überlassung von Geldmitteln. Oder: Zins ist Kohle für Cash.

Der Verdacht aber, das Kredite, Zinsen und Banken irgendwie böse sind, hält sich hartnäckig. Dafür gibt es natürlich auch Gründe. Für manche Leute können Kredite böse Folgen haben: Zum Beispiel, weil sie sich ein Haus gekauft haben, dann aber ihren Job verlieren. Sie können den Kredit und die Zinsen nicht zurückzahlen. Und bald wachsen die Schulden so hoch, dass sie unter der Last verzweifeln.

4 DAS LIEBE GELD

Schulden und Handys

Heute ist es auch ziemlich leicht geworden, Kreditneh-mer oder Schuldner zu werden. Auch für junge Leute. Jeder fünfte Jugendliche in Deutschland hat Schulden – bei der Bank, dem Versand-haus, den Eltern oder bei Freunden und vor allem bei Mobilfunkanbietern.

Schuldenkarrieren in Deutschland begin-nen oft mit dem ersten selbst abgeschlos-senen Vertrag bei einem Mobilfunkanbie-ter. Schnell verliert der Jugendliche den Überblick bei so verlockenden Angeboten wie Flirt-SMS, Klingeltönen, Megalogos, Inter-netinhalten fürs Handy (WAP), Newslettern zu Musik und Kurzmitteilungen. Da können monatlich schnell insgesamt mehrere hundert Euro zusammenkommen.

Wenn man nicht mit Prepaid-Karte bezahlt, telefoniert man im Grunde ge-nommen auf Pump. Und jedes Mal nach Ende eines Monats kommt die Rech-nung, um die Schulden zu begleichen. Dann erst sieht man, wie viel Geld man mit dem Handy ausgegeben hat. Und dann wird vom Konto unweigerlich Geld eingezogen – oft viel mehr, als man dachte. Deshalb ist Vorsicht angesagt, sonst ist das Konto ganz schnell im Minus und man selbst verschuldet.

4 Das liebe Geld

Die guten und die bösen Geldverleiher

Die Geldverleiher haben einen schlechten Ruf. Sie sind früher oft aufgetreten, wenn die Leute in Not waren, wenn sie zum Beispiel Pacht für ihr Land an den Gutsherren bezahlen mussten, es aber nach einer schlechten Ernte nicht konnten. Die Geldverleiher haben ihnen dann Geld gegeben, aber nicht nur 15 Prozent Zinsen verlangt, sondern 70 Prozent oder 80 Prozent. Dann verlieh der Verleiher 1.000 Gulden und wollte ein Jahr später 1.800 Gulden zurück.

Außerdem versuchten sich die Geldverleiher abzusichern. Die verschuldeten Pächter mussten unterschreiben, dass ihr Besitz dem Verleiher gehören würde, wenn sie ihre Schulden nicht zurückzahlen konnten. Das waren harte Bedingungen. In ihrer Not wussten die Menschen aber oft nicht, was sie sonst machen sollten. Und viele verloren alles an die Verleiher. Ist der Verleiher deshalb unmoralisch? Es gibt immer verschiedene Arten, Dinge zu betrachten.

Was wäre in einer Welt ohne Verleiher mit dem armen Pächter passiert? Vermutlich dasselbe. Der Gutsherr hätte die Pächter vertrieben und deren Besitz behalten, um den Ersatz für die Pachteinnahmen zu bekommen. Der Geldverleiher hat den Pächtern dagegen eine kleine Chance geschenkt, auf dem Pachtland bleiben zu können. Dass die Bedingungen so hart waren, hat vermutlich mehr mit der hohen Pacht zu tun als mit der Tatsache, dass es Geldverleiher gab.

4 DAS LIEBE GELD

Geldentwertung, Geldpolitik und die Zentralbank

Im Oktober 1923 passierte in Deutschland etwas Seltsames: Brot, Milch oder Hemden waren am Ende des Monats 300-mal so teuer wie am Anfang des Monats. Die Arbeiter erhielten immer mehr Lohn – so viel, dass sie ihn in großen Taschen nach Hause tragen konnten. Glücklich waren sie deswegen nicht: Denn das Geld, das sie verdienten, war am nächsten Tag schon kaum noch etwas wert.

Das waren schlimme Zeiten. Die Menschen verloren ihre Ersparnisse und das Vertrauen in die Wirtschaft und in das politische System. Sie waren zutiefst verunsichert.

Was war geschehen? In Deutschland herrschte ein Schreckensgespenst namens Inflation. So nennt man es, wenn die Preise für Güter und Dienste auf breiter Front über einen längeren Zeitraum hinweg permanent steigen. Dann wird Geld immer weniger wert: Für eine Mark bekommt man heute noch ein Pfund Butter, morgen nur noch ein halbes, übermorgen nur noch ein Viertel. Inflation macht die Menschen ärmer.

Keine Industrienation hat eine schlimmere Inflation als Deutschland erlebt. Das war 1922 und 1923. Normalerweise steigen die Preise in Deutschland um 1 bis drei 3 Prozent im Jahr. Im Oktober 1923 erlebte das Land eine Inflationsrate von sage und schreibe 30.000 Prozent.

Wie hatte das passieren können? Schuld war die Regierung. Sie hatte im und nach dem 1. Weltkrieg einen riesigen Schuldenberg angehäuft. Um die Schulden zu bezahlen, druckte sie viel Geld. Das Geld kam in den Wirtschaftskreislauf. Aber warum schossen dadurch die Preise nach oben?

4 DAS LIEBE GELD

Deutlich wird das durch ein Beispiel. Nehmen wir an, ein Hubschrauber steigt über dem kleinen Land Absurdistan auf, wirft 10 Milliarden Gulden ab und verdoppelt damit das Geld in dem Land. Nehmen wir weiter an, das Land hätte keinen Kontakt zu anderen Ländern, und die zehn Fabriken des Landes und die zehn Bauernhöfe würden so viel produzieren, wie sie könnten. Was würde das neue Geld bringen? Die Bauern, Fabrikbesitzer und Händler würden ihre Preise erhöhen, weil die Leute mehr Geld haben. Im Extremfall würden sie Preise verdoppeln. Die Kaufkraft des Gulden hätte sich halbiert – ein Gulden wäre nur noch halb so viel wert wie früher.

Im Deutschland der frühen zwanziger Jahre des vergangenen Jahrhunderts gab es vergleichbare Entwicklungen, mit einem Unterschied allerdings. Nicht auf alle war Geld geregnet. Damit die Arbeiter und Beamten überhaupt noch ihr Essen bezahlen konnten, verlangten sie höhere Löhne. Sie bekamen das Geld. Doch die Unternehmen verteuerten ihre Produkte, damit sie die Löhne bezahlen konnten. Darauf wollten die Arbeiter noch mehr Geld. So kam es zur Lohn-Preis-Spirale.

Die Löhne wurden in der letzten Phase täglich ausbezahlt. Weil die Menschen aber wussten, dass das Geld am Tag später schon wieder weniger wert sein würde, gaben sie das ganze Geld sofort aus. Niemand sparte mehr. Wer weiß, dass der Anzug am nächsten Tag teurer sein wird, kauft ihn lieber heute.

Der Verkäufer allerdings stellt sich darauf ein: Er verlangt einen höheren Preis als normal, weil er weiß, dass die Kunden schnell kaufen wollen. Inflation entsteht, weil die Kunden Inflation erwarten und sich darauf einstellen wollen. Es ist eine verrückte Situation.

Damit die Regierung noch nachkam, kaufte sie Druckerpressen, die schneller Geld drucken konnten als die alten. Und am Ende nahmen sie das alte Geld und stempelten ein paar Nullen hinter die Zahl. Um einkaufen zu gehen, zogen die Menschen Bollerwagen voller Geld hinter sich her. Einem alten Witz zufolge stahlen Diebe nur die wertvollen Bollerwagen und ließen das Geld zurück.

Wie verhindert man Inflation?

Aus der Geschichte weiß man, dass die Geldentwertung eine der großen Gefahren für Wirtschaft und Gesellschaft werden kann. Daher versuchen Ökonomen und Politiker, Inflation zu verhindern. Nicht zuletzt aufgrund der Erfahrungen in Deutschland gehen Geldpolitiker in der Europäischen Union davon aus, dass Inflation etwas mit der Geldmenge zu tun hat.

Wenn Inflation etwas mit der Geldmenge in einer Volkswirtschaft zu tun hat, dann wäre es vielleicht eine gute Idee, die Geldmenge zu beeinflussen. Genau das versuchen Regierungen. Besser gesagt: Sie beauftragen Zentralbanken, den Job für sie zu erledigen. In Europa macht das die Europäische Zentralbank, abgekürzt EZB. Sie hat ihren Sitz in Frankfurt am Main.

Zentralbanken haben mit dem Normalbürger nichts zu tun. Sie sind die Banken der Banken: Sie leihen zum Beispiel der Deutschen Bank, der Allianz, den Volksbanken und den Sparkassen Geld. Zentralbanken haben einen großen Vorteil. Sie allein dürfen Banknoten drucken.

4 Das liebe Geld

Wenn gewöhnliche Banken Geld brauchen, holen sie sich die Scheine bei der Zentralbank auf Kredit. Der Zins für diesen Kredit, den die Zentralbank erhebt, heißt Leitzins. Das ist der wichtigste Zins überhaupt.

Manchmal beginnen Radionachrichten mit der Meldung: „Die Europäische Zentralbank hat ihre Leitzinsen um einen Viertelprozentpunkt erhöht." Das bedeutet, die Zentralbank hat das Geld teurer gemacht.

Wann tut sie das? Wenn die Zentralbanker denken, es gibt zuviel Geld in der Welt. Dann haben sie Angst, dass eine Inflation ausbrechen könnte. Dann verteuern sie das Geld, indem sie die Leitzinsen erhöhen.

Jetzt müssen die Banken reagieren. Sie müssen der Zentralbank mehr zahlen, wollen aber trotzdem Geld verdienen. Sie erhöhen dann ebenfalls die Kreditzinsen. Für Unternehmer wird es dann teurer, Geld zu leihen. Das lässt den einen oder anderen seine Kauf- oder Investitionspläne aufschieben. Außerdem finden es ein paar Leute vermutlich besser, das Geld zur Bank zu bringen statt zusätzliches Geld zu leihen. Denn Banken erhöhen bei Leitzinserhöhungen oft nicht nur die Kreditzinsen, sondern auch Zinsen auf Sparbücher und andere Guthaben. Das spornt Leute an, etwas mehr zu sparen. Dann ist weniger Geld im Umlauf. Weniger Geld bedeutet weniger Inflationsgefahr.

Der zweite Trick der Zentralbank, Inflation zu verhindern, geht so: Die Zentralbank hat Wertpapiere wie Anleihen im Besitz, die sie sehr günstig an die Banken verkauft. Damit wird dem Wirtschaftskreislauf Geld entzogen. Trick Nummer drei: Die Zentralbank zwingt die Banken, Geld bei der Zentralbank zu deponieren. Dann können die Banken weniger Kredite in Umlauf bringen.

Die Europäische Zentralbank will, dass die Preissteigerungsrate nicht höher als 2 Prozent im Jahr ist. Im Schnitt sollen Güter und Dienstleistungen nicht mehr als 2 Prozent teurer werden als im Vorjahr. Im Großen und Ganzen klappt das ziemlich gut.

5 Ein Gebilde namens Staat

Der Staat als Kassierer

Jeder, der einkauft, macht nicht nur den Ladenbesitzer reicher. Er gibt auch der Regierung automatisch Geld ab. Von den 10 Euro für ein T-Shirt muss der Ladenbesitzer knapp 1,60 Euro an den Staat weiterreichen. Vom Auto für 10.000 Euro kassiert der Staat 1.597 Euro. Die Abgaben sind spezielle Steuern. Sie heißen Mehrwertsteuer. Sie betragen 19 Prozent auf die meisten Produkte, bei Lebensmitteln oder Büchern zum Beispiel ist der Steuersatz niedriger (7 Prozent).

5 EIN GEBILDE NAMENS STAAT

Die Mehrwertsteuer gehört zu den Verbrauchssteuern: Sie fällt jedes Mal an, wenn der Kunde einkauft. Andere Verbrauchssteuern sind die Tabaksteuer oder die Steuern auf Benzin und Diesel. Von der Summe, die wir für eine Tankfüllung ausgeben, holt sich der Staat sogar rund zwei Drittel für die eigene Kasse.

Mit den Verbrauchssteuern endet die Phantasie des Staates aber nicht: Vom Lohn, den jeder Arbeiter oder Angestellte verdient, zieht er Lohnsteuer ein. Auf andere Einkommen erhebt er die Einkommensteuer. Solche Einkommen können die Mieteinnahmen eines Hausbesitzers sein oder Gewinne an der Börse oder Honorare, die beispielsweise ein Autor für sein Buch bekommt.

Neben den Steuern leisten die bei einem Arbeitgeber angestellten Bürger noch Beiträge zu den sogenannten Sozialversicherungen, die von der Regierung gelenkt werden: Dazu gehört die Arbeitslosenversicherung, die Rentenversicherung, die Krankenversicherung und die Pflegeversicherung. Diese Versicherungen sammeln das Geld ein. Wenn die Leute aber arbeitslos, alt, krank oder zum Pflegefall werden, geben sie ihnen dafür Geld zurück.

Schließlich verlangt der Staat noch Gebühren für verschiedene Leistungen, die er erbringt. Wer seinen Pass bei der Gemeinde verlängern lassen will, muss Geld dafür bezahlen.

Manchmal kommt einem der Staat geldgierig vor. Der Bund der Steuerzahler rechnet jedes Jahr aus, wie viel die Bürger allein für den Staat arbeiten: Die Hälfte von dem, was jedes Jahr in Deutschland erwirtschaftet wird, kassiert die Regierung, so die Berechnung der Organisation.

Dafür muss der Staat gute Gründe vorweisen, wenn er seine Bürger nicht verärgern will.

Ganz grundsätzlich: Wozu ist der Staat eigentlich da?

Das ganze Buch handelt bisher von der Marktwirtschaft und wie sie funktioniert. Wir haben die unsichtbare Hand kennen gelernt, die unsere Wünsche nach MP3-Playern und Schokolade erfüllt. Und wir haben aus der Geschichte gelernt: Wenn der Staat selbst Produktion und Wirtschaft steuert, dann ist es meistens schiefgegangen.

Aber es gibt „Güter", die selbst die größten Freunde der Marktwirtschaft lieber einem Staat überlassen. Wir wünschen uns zum Beispiel, dass die Menschen anständig miteinander umgehen: Dass sie sich nicht ermorden, nicht beklauen, nicht verletzen, nicht betrügen und nicht beleidigen. Dafür sind Gesetze nötig, die für alle gleich gelten, egal ob sie arm oder reich sind. Außerdem braucht es Richter, Staatsanwälte und Polizisten, die für die Durchsetzung der Gesetze sorgen.

Es gibt Güter, von denen niemand ausgeschlossen werden soll. Dazu gehören die Bildung und das Recht. Aber auch der Schutz vor anderen Ländern durch Militär und die Kooperation mit anderen Ländern durch Diplomatie. Der Staat stellt diese „Güter" zur Verfügung, er bezahlt die Lehrer, das Militär und den Außenminister von unseren Steuern.

Bei diesen öffentlichen Gütern stellt sich immer die Frage: Warum kann der Markt sie nicht bereitstellen? Ökonomen sagen, dass das etwas mit den Trittbrettfahrern zu tun hat. Trittbrettfahrer sind zum Beispiel Schwarzfahrer: Sie benutzen Bus und Bahn ohne Fahrkarte. Das ist ungerecht, denn anders als die zahlenden Fahrgäste leisten sie keinen Beitrag zur Finanzierung von Bus und Bahn. Sie verlassen sich darauf, dass die öffentlichen Verkehrsmittel auch ohne ihren Beitrag funktionieren. Aber Bus und Bahn haben wegen des Egoismus der Schwarzfahrer weniger Geld und können nicht so guten Service anbieten, wie sie vielleicht wollen.

5 EIN GEBILDE NAMENS STAAT

In einer ausgedachten Welt ohne Regeln gegen Trittbrettfahrer könnte ihr Egoismus zum Beispiel verhindern, dass es gute Gerichte gibt, eine einsatzbereite Feuerwehr oder eine funktionierende Armee. Denn viele Menschen werden sich darauf verlassen, dass Richter, Feuerwehrleute, Soldaten und Beamten von anderen bezahlt werden, ohne dass sie selbst etwas beisteuern. Das wäre für eine Gesellschaft gefährlich. Wenn die Gefahr besteht, dass von selbst kein funktionierendes System zustande kommt, ist der Staat gefragt. Er muss dann die Aufgabe übernehmen.

Bei manchen Gütern streiten die Wissenschaftler und Politiker, ob der Staat nötig ist. Brauchen wir Badeanstalten, Theater und Museen, die nur mit staatlichem Geld überleben? Sollte es nicht so sein, dass die Bürger und Besucher sie lieben und mit so viel Geld unterstützen, dass die Einrichtungen ohne Steuergeld überleben? Viele der Einrichtungen passen darauf auf, dass alte Schätze nicht verrotten. Das können alte Bücher sein, Schwerter oder Bilder. Sie gehören zum kulturellen Erbe des Landes. Dies zu bewahren ist teuer. Die Eintrittsgelder in Museen reichen dafür nicht.

Die Frage nach der Rolle des Staates stellt sich besonders, wenn er Wirtschaftszweige mit Geld unterstützt. Diese Geldhilfen nennt man Subventionen. In Deutschland empfangen vor allem die Landwirtschaft und der Steinkohlebergbau Subventionen. Das Beispiel Steinkohle ist besonders interessant, weil es um eine unvorstellbare Summe geht. In den beiden vergangenen Jahrzehnten sind mehr als 100 Milliarden Euro in den Steinkohlebergbau geflossen, bis 2012 sollen es noch einmal knapp 16 Milliarden Euro sein.

2005 gab der Staat pro Beschäftigten rund 70.000 Euro. Die Subventionen haben den Steinkohlebergbau vor der billigen Konkurrenz geschützt. 2018 soll dann endgültig Schluss sein mit der Steinkohleförderung. Kohle aus Ländern wie Australien ist viel billiger.

Steinkohlebergbau in Deutschland fördert seit fast 50 Jahren teurere Kohle als andere Länder. Aber vor 50 Jahren arbeiteten 600.000 Menschen im Bergbau. Denen wollte man die Entlassung nicht zumuten. Dabei hätten sie woanders wohl Arbeit gefunden: Viele Unternehmen klagten, dass ihnen Arbeitskräfte fehlen. Deshalb wurden damals Gastarbeiter ins Land geholt. Verstehen kann man, dass die Politiker Angst vor protestierenden Bergarbeitern hatten und deshalb der Branche Geld schenkten. Aber der Friede war sehr teuer.

Im Prinzip zieht sich der Staat aus den meisten Wirtschaftsbereichen zurück. Die Versorgung mit lebenswichtigen Gütern wie Strom, Wasser und Wärme war früher eine Aufgabe des Staates, jetzt erledigen immer öfter Unternehmen die Versorgung, werden aber genau kontrolliert und müssen mehr staatliche Regeln einhalten als Hersteller von Teflonpfannen. Eine mögliche Begründung für das Engagement des Staates in diesem Bereich liegt in der schieren Größe der Anfangsinvestition, die beispielsweise eine Wasserversorgung für alle Menschen erfordert. Das können Privatleute und Unternehmen nicht so ohne weiteres leisten.

Der Staat diszipliniert die Schmutzfinken

Und in noch einem Bereich ist der Staat wichtig. Manchmal hat die wirtschaftliche Aktivität von Unternehmen und Privatleuten Nebeneffekte für Dritte. Ein solcher Effekt kann die Umweltverschmutzung sein. Autos und Fabriken blasen zum Beispiel Kohlendioxid in die Luft.

Wissenschaftler glauben inzwischen, dass dadurch die Erde sehr warm wird, Flüsse austrocknen, Gletscher verschwinden und Quellen versiegen. Das könnte den Menschen schaden.

5 EIN GEBILDE NAMENS STAAT

Der Schaden für die Umwelt spielt für den Unternehmer zunächst keine unmittelbare Rolle. Er ist auch schwierig zu ermitteln. Aber der Staat hat ein Interesse, dass diese Schäden nicht zu groß werden. Deshalb muss der Staat Regeln erlassen, um Umweltverschmutzung zu verringern oder zu verhindern. Die Unternehmen müssen diszipliniert werden.

Unternehmer und Privatleute würden die Umweltverschmutzung erst stoppen, wenn sie das schlechte Gewissen plagt, wenn es ihnen verboten oder zu teuer ist. Auf das schlechte Gewissen will der Staat lieber nicht vertrauen, also wird er eher Verbote festlegen.

Aber es gibt inzwischen auch moderne Ideen, die Verbote und Marktwirtschaft miteinander verbinden. Das geht über den Handel von Verschmutzungsrechten. Jedes Unternehmen, das Dreck in die Luft pusten will, muss dafür ein Verschmutzungsrecht vom Staat kaufen. Diese Rechte werden von

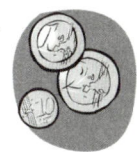

der Regierung knapp gehalten. Wenn ein Unternehmen nun eine Filteranlage einbaut, die den Dreck aus der Abluft herausfiltert und deswegen weniger Kohlendioxid ausstößt, kann sie ihr Verschmutzungsrecht an einen Betrieb verkaufen, der noch nicht so sauber produziert. Der darf dann zwar weiterhin Abgase im alten Maße ausstoßen, aber muss für dieses Recht teuer bezahlen.

Jedes Unternehmen steht so vor der Wahl, eine neue Technik einzubauen, um die Verschmutzung der Umwelt zu verringern oder mehr Verschmutzungsrechte zu kaufen. So wird die Verschmutzung zum Teil der Kalkulation. Dieses System wird in Europa ungefähr so praktiziert.

Es ist ein Geben und Nehmen

Noch eine Aufgabe übernimmt der Staat in modernen Gesellschaften: Das ist die sogenannte Umverteilung: Er nimmt den Reichen Geld weg, um es den Ärmeren zu geben, damit alle einigermaßen gleiche Bedingungen haben. Auch will er die Schwäche des Marktes ausgleichen. Der Markt nimmt keine Rücksicht auf die Startbedingungen der Menschen. Er ist blind dafür, was sie mitbringen, um sich in der Welt durchzuschlagen.

Würden zum Beispiel Studienplätze an Hochschulen allein und ausschließlich über den Markt verteilt und viel Geld kosten, wäre es für arme Familien schwer, die Gebühren für ihre Kinder zu bezahlen. Viele Kinder würden von der Chance, auf die Universität zu gehen, ausgeschlossen sein und ihre Möglichkeiten nicht ausschöpfen.

Das wäre ungerecht und möglicherweise auch ineffizient. Talentierte Kinder armer Leute könnten keine Karriere machen, keine Unternehmen gründen, keine Erfindungen machen oder auch nicht als Krankenhausärzte den Menschen dienen. In vielen Unternehmen und Verwaltungen kann nur der richtig aufsteigen, der einen Hochschulabschluss hat.

Es wäre für sie und für die Gesellschaft schlecht, wenn Kindern armer Leute dieser Weg versperrt wäre.

Viele Universitäten haben jetzt in Deutschland Studiengebühren eingeführt. Die Politiker streiten darüber. Schon ohne Studiengebühren haben Kinder aus Familien, die mit Bildung nicht viel am Hut haben, schlechte Schulabschlüsse. Sie gehen seltener an Hochschulen, unter anderem weil die Eltern das Geld für Miete und das Essen der Kinder nicht aufbringen können oder wollen. Aber auch, weil die Kinder es vielleicht selbst gar nicht für möglich halten, dass sie es an eine Uni schaffen würden. Ihnen fehlen in der Familie Vorbilder, die ihnen zeigen, dass Studieren Spaß macht und sie nach oben bringt.

Der Staat hat mehrere Möglichkeiten, zumindest dem finanziellen Problem zu begegnen. Er kann selbst Universitäten betreiben und das Studieren kostenlos anbieten. Oder er kann begabten Kindern aus armen Familien Stipendien geben, damit sie sich an die Universitäten trauen. Den Rest kann der Markt erledigen.

Der zweite Weg erzieht die armen Studenten zu Eigenverantwortlichkeit. Sie werden genau gucken, wo sie am besten studieren können und wo sie am meisten für sich herausholen können. Der erste Weg stellt eher sicher, dass keiner durchs Netz rutscht.

Zur Umverteilung gehört auch die Zahlung von Sozialhilfe. Leute, die keinen Job haben und von der Arbeitslosenversicherung kein Geld mehr bekommen, müssen von irgendetwas leben. Sie bekommen Geld vom Staat. Inzwischen ist das häufig an Bedingungen geknüpft: Sie müssen sich weiterbilden, für neue Berufe üben und manchmal die Straßen fegen und Unkraut in öffentlichen Parks jäten.

Vor allem wird der soziale Ausgleich in Deutschland aber durch das Steuersystem hergestellt. Wer viel verdient, bezahlt überproportional viele Steuern, wer wenig verdient, zahlt kaum Steuern. Bis zu einer bestimmten Einkommenshöhe müssen sogar gar keine Steuern bezahlt werden. Danach sind es 15 Cent je Euro und im oberen Einkommensbereich 42 Cent je Euro.

Die Besteuerung in Deutschland ist umstritten. Die Gegner kommen aus verschiedenen politischen Lagern. Eine Kritik lautet, dass die Steuern zu hoch sind: Wenn der Staat zuviel wegnimmt, dann entmutigt er die Tüchtigen. Er bestraft die Leistungsträger. Die andere Kritik lautet, dass das Steuersystem nicht engmaschig genug ist: Die Reichen, egal ob sie ihren Reichtum der Tüchtigkeit oder einer Erbschaft verdanken, finden immer Möglichkeiten, ihr Geld vor dem Staat in Sicherheit zu bringen. Und eine dritte Kritik lautet, dass das ganze System viel zu kompliziert und undurchsichtig ist und deshalb viele Leute beschäftigt, die ihre Zeit besser mit vernünftigeren Sachen verbringen könnten.

5 Ein Gebilde namens Staat

Der Schuldenberg

Noch etwas ist sehr umstritten: Der Staat gibt jedes Jahr mehr Geld aus, als er einnimmt. Ist das akzeptabel? Deutschland hat inzwischen mehr als 1.500 Milliarden (1.500.000.000.000) Euro Schulden, wenn man alle öffentlichen Haushalte zusammenzählt: die der Bundesregierung, der Landesregierung und von allen Städten und Dörfern. Jede Sekunde wachsen die Steuern um mehr als 1.000 Euro, hat der Bund der Steuerzahler ausgerechnet.

Für die Schulden müssen die öffentlichen Haushalte Zinsen bezahlen. Auf der jährlichen Ausgabenliste der Bundesregierung ist der Posten für Zinsen der zweitgrößte. Nur für Arbeitslose wird noch mehr ausgegeben, für Bildung aber viel weniger. Schulden müssen nichts Schlechtes sein, wenn man damit gleichzeitig Vermögen aufbaut: Eltern leihen sich Geld, um damit ein Haus zu kaufen. Der Staat leiht sich Geld, um damit Straßen, Schulen und Universitäten zu bauen. Der Staat kann reich sein und zugleich hoch verschuldet. Es gibt aber auch Schulden, die nicht zu Vermögen führen: Ein Teil der Schulden wird für Aufgaben verwendet, von denen künftige Generationen nichts haben, etwa für Löhne für die Angestellten und Beamten des Staats.

Einem häufig gehörten Spruch wollen wir einmal auf den Grund gehen: Manchmal hören wir Politiker sagen, dass wir unseren Kindern und Kindeskindern nicht so hohe Schulden hinterlassen dürfen. Das stimmt natürlich. Aber aus Sicht der Ökonomen ist das nur die eine Seite der Medaille.

Denn die Kinder profitieren zum einen von den Brücken, Tunneln, Straßen und Schulen, die von den Schulden gebaut werden. Außerdem aber erben sie mit den Schulden auch noch Staatsanleihen. Staatsanleihen sind eine Art Kredit, mit dem der Staat Geld aufnehmen kann und Bürger Geld machen können: Dafür vergibt die Regierung Dokumente an Menschen, von denen sie sich Geld leiht – beispielsweise 5.000 EUR oder 10.000 EUR.

Jeder, der kann und möchte, kann ein solches Dokument bekommen, wenn er im Gegenzug dem Staat das Geld zur Verfügung stellt. Er verschenkt das Geld aber nicht, sondern verleiht es: Das Dokument berechtigt den Bürger dazu, seine 5.000 oder 10.000 EUR nach einigen Jahren zurückzuerhalten. Bis dahin bekommt er als Ausgleich dafür, dass er dem Staat freiwillig Geld leiht, jährlich Zinsen vom Staat gezahlt. Viele Bürger kaufen sich solche Staatsanleihen als Geldanlage. Und sie geben sie nach ihrem Tod an ihre Kinder weiter. Die erben also nicht nur die Schulden, sondern auch die Staatsanleihen.

Es gibt wohl trotzdem inzwischen niemanden mehr, der die hohen Staatsschulden für gut hält. Denn bei hohen Schulden verschwindet ein wichtiger

Teil der Steuereinnahmen wieder für Zinsen. Für wichtige Aufgaben bleibt dann wenig Geld.

Deshalb wird darüber nachgedacht, wie man den Berg verkleinert. Natürlich könnte der Staat höhere Steuern erheben, um mehr Einnahmen zu haben und keine neuen Schulden mehr machen zu müssen.

Aber das hat seine Grenzen: Fordert er zu viele Steuern von Bürgern und Unternehmen, dann wird denen die ganze Sache zu teuer. Sie wollen nicht so viel Geld abgeben. Sie können es sich vielleicht auch gar nicht leisten, so viel Geld abzugeben. Die Folge: Unternehmen verlegen Fabriken in Länder mit geringen Steuersätzen. Die Leute hören auf zu arbeiten, arbeiten schwarz, gehen ins Ausland. Und sie nutzen Chancen, Einnahmen zu verstecken, damit sie darauf keine Steuern bezahlen müssen. Oder: Sie wählen die Regierung ab.

Der andere Weg heißt: sparen. Die Regierungen könnten auch die Ausgaben verkleinern, um zu sparen und weniger Schulden zu machen. Aber das ist schwierig, weil die Betroffenen immer laut protestieren: Gemeinden wollen Geld für Kindergärten, Universitäten für die Forschung und Rentner wollen ihre Rente.

Die Politiker bekommen dann Angst, dass sie nicht wieder gewählt werden. Es ist gar nicht so leicht zu sparen. Oder besser gesagt: Es ist leichter, nicht zu sparen. Denn die problematischen Folgen von hohen Staatsschulden stellen sich schleichend ein. Wenn der Wähler sie bemerkt, sind die Politiker, die daran Schuld haben, schon im Ruhestand.

Das Problem der Staatsschulden ist noch nicht gelöst.

Eine wichtige Aufgabe mutet sich der Staat noch zu. Man nennt sie Wirtschaftspolitik. Davon handelt das nächste Kapitel.

Der Wirtschaftskreislauf, die Wirtschaftspolitik und das Wachstum

Es ist ein Anliegen des Staates, dass die Menschen Arbeit haben, für sich selbst sorgen können und dass sie nicht verarmen, sondern reicher werden.

Im Großen und Ganzen verlässt sich die Politik dabei auf die Marktwirtschaft. Aber manchmal ist der Regierung das System zu unruhig und zu ungerecht. Es gibt Schwankungen, die zum Beispiel zu Arbeitslosigkeit führen.

Die Wirtschaft hat sich in den vergangenen Jahren in einem Rhythmus bewegt. Mal ist sie gewachsen, dann ist sie auf einem Niveau geblieben und dann ist sie sogar geschrumpft, um danach wieder zu wachsen. Dieser Rhythmus hat etwas mit einem Konjunkturzyklus zu tun. Es geht auf und wieder ab.

5 Ein Gebilde namens Staat

Leider ist das nicht unproblematisch: Das größte Problem in Deutschland war in den letzten Jahren bis heute die Arbeitslosigkeit. Sie stieg immer dann, wenn die Wirtschaft kaum wuchs oder sogar schrumpfte. Kein Wunder, dass die Regierung sich Wachstum wünscht, denn dann gibt es weniger Arbeitslose.

Aber was ist Wachstum eigentlich? Was wächst da?

Es gibt einen ziemlich schrägen Begriff in der Wirtschaft: Der heißt Bruttoinlandsprodukt. Damit meint man den Geldwert von allem, was in einem Land in einem Jahr hergestellt oder bereitgestellt wird. Das Bruttoinlandsprodukt wird in Euro ausgedrückt. Werden also zwei Tische für je 100 Euro hergestellt und verkauft, dann stehen in der Gesamtrechnung nicht „zwei Tische", sondern 200 Euro.

Wenn das Bruttoinlandsprodukt – abgeküzt: BIP – wächst, ist die Chance größer, dass es allen besser geht. Das Wachstum des BIPs zeigt an, ob unsere Gesellschaft reicher geworden ist.

Das BIP hängt von der gesamtwirtschaftlichen Nachfrage ab. Die entsteht, wenn alle vier wichtigen Mitspieler der Wirtschaft einkaufen gehen: Nummer eins sind die Privatleute. Sie konsumieren (shoppen), etwa indem sie einen Kühlschrank kaufen. Nummer zwei sind die Unternehmen. Sie investieren in eine neue Fabrik oder Maschine, wofür sie auch Geld ausgeben. Der Staat, die Nummer drei, gibt Geld aus, um eine Straße oder eine Schule zu bauen. Nummer vier schließlich sind die anderen Länder. Regierungen oder Bürger aus dem Ausland kaufen auch in Deutschland ein, zum Beispiel Maschinen oder ein paar Autos. Rechnet man die Summen auf dem Kassenzettel und Rechnungen aller dieser vier Mitspieler zusammen, so kommt man auf die gesamtwirtschaftliche Nachfrage.

Wie entsteht jetzt Wachstum? Auf den ersten Blick ist das ganz einfach: Wachstum entsteht, wenn mindestens einer der vier Mitspieler in Deutschland für mehr Geld kauft oder investiert als im Jahr davor.

Schauen wir auf die Privatperson. Wenn zum Beispiel eine Familie nicht nur einen Kühlschrank kauft, sondern eine ganze Küche, steigert dies das BIP. Aber wann ist eine Familie bereit, plötzlich mehr Geld auszugeben als bisher? Das hängt von verschiedenen Faktoren ab. Manche Leute kaufen eine Küche, weil die Nachbarn auch eine neue gekauft haben.

Aber vernünftige Leute schauen erst einmal, ob sie genug Geld übrig haben. Ökonomen reden vom verfügbaren Einkommen. Und das hängt von der Höhe des Lohns ab und davon, wie viel der Staat davon über Steuern einkassiert. Und wie viel Sozialhilfe und Kindergeld die Leute vom Staat kriegen. Außerdem haben viele Leute auch noch Geld aus Mietshäusern, aus Aktienvermögen und so weiter.

Nach einer kräftigen Lohnerhöhung denkt der eine oder andere schon darüber nach, ob er sich nicht eine neue Küche leisten könnte. Wenn die Regierung die Steuern nach unten schraubt, haben Menschen auch mehr Geld in der Tasche – das kann sie zum Kaufen animieren.

Hier haben wir einen ersten Ansatz für Wirtschaftspolitik, um das BIP zu steigern. Die Regierung kann durch Instrumente wie zum Beispiel Steuersenkungen das verfügbare Einkommen des Privatmannes erhöhen, damit er Lust aufs Shoppen bekommt. Kauft er dann mehr als bisher, steigt das BIP.

Steuersenkungen können auch Unternehmen glücklich machen. Sie können dann mehr von ihrem Gewinn behalten, in Bürogebäude, Aufzüge, Förderbänder oder Mähdrescher investieren, neue Leute anstellen oder ihren Angestellten höhere Gehälter zahlen. Woraufhin diese mehr einkaufen gehen

können. Steuersenkungen sind ein Mittel der Wirtschaftspolitik, das helfen kann, das BIP und damit Wachstum zu stimulieren.

Die Idee der Wirtschaftspolitik ist es, dann einzugreifen, wenn es von selbst nicht läuft. Eine Vorstellung dabei lautet, dass der Staat die gesamtwirtschaftliche Nachfrage erhöht.

Neben Steuersenkungen kann die Regierung ihre eigenen Ausgaben erhöhen, indem sie Bürgern Geld schenkt – etwa durch eine Erhöhung des Kindergeldes – oder indem sie Aufträge an Firmen vergibt. Sie kann beispielsweise Straßen bauen lassen. Dafür stellen die Unternehmen Rechnungen an den Staat, der muss sie bezahlen, und so kann auch das BIP wachsen. Ein Verfechter dieser Idee, durch Erhöhung der Staatsausgaben Wachstum in Schwächephasen zu erzeugen, war einer der berühmtesten Ökonomen des vergangenen Jahrhunderts: John Maynard Keynes.

Wenn das Bruttoinlandsprodukt steigt, dann haben definitionsgemäß ein paar oder viele Mitspieler in der Wirtschaft mehr Geld. Sie können es ausgeben und machen damit auch andere ein bisschen reicher. So geht es immer weiter, bis sich der Effekt im Sande verläuft, könnte man denken.

Keynes Anhänger reden von dem Multiplikatoreffekt. Sie glauben, dass durch Erhöhung der Staatsausgaben Wachstum losgetreten wird.

Aber dieses Beispiel wollen wir uns noch etwas genauer angucken, um ein Gefühl dafür zu bekommen, wie kompliziert Wirtschaftspolitik wirklich ist. Und um zu zeigen, dass es auch Dämpfungseffekte gibt.

Die aktuelle Regierung hat hohe Schulden und gibt ohnehin schon jedes Jahr mehr Geld aus, als sie einnimmt. Wenn sie die Ausgaben erhöhen möchte, wie Keynes das sagt, dann muss sie entweder einen zusätzlichen Kredit aufnehmen oder aber die Steuern erhöhen.

5 Ein Gebilde namens Staat

1. Wenn der Staat seine Steuern erhöht, so senkt das das verfügbare Einkommen der Bürger, und die Unternehmen haben weniger von ihrem Gewinn übrig. Der positive Effekt der höheren Staatsausgaben kann schnell verschwinden. Dazu kommen die oben erwähnten Probleme: Die Leute halten ihr Geld zurück oder produzieren weniger.

2. Wenn der Staat nicht knausert, sondern noch mehr Schulden macht, dann hat das auch Auswirkungen. Der Staat muss sich noch mehr Geld leihen. Er muss bei den Banken anfragen. Von den Banken wollen gleichzeitig aber auch Unternehmen und Privatleute Kredite bekommen: weil sie Maschinen kaufen oder Häuser bauen wollen. Und wenn viele Gruppen – Regierungen und Unternehmen und Privatleute – Kredite haben wollen, dann werden Kredite teuer, weil die Banken mehr Zinsen verlangen. Teure Kredite halten aber Unternehmen ab, eine große Maschine zu kaufen oder eine Fabrik zu bauen. Und sie schrecken Privatleute ab, sich ein Haus zu bauen. Das schadet der Wirtschaft.

3. Noch ein Problem taucht auf: Was ist, wenn die Privatleute die Steuersenkung zwar zum Shoppen nutzen – aber nicht in Deutschland, sondern auf Mallorca? Die Deutschen lieben Auslandsurlaub. Oder wenn sie nur ausländische Autos kaufen?

Eine Lehre hieraus ist, dass Eingriffe in die Wirtschaft Folgen haben, weil alle Mitspieler zusammenhängen. Das macht Wirtschaftspolitik so schwierig für die Regierung. Außerdem sind die Bürger nicht leicht zu beeinflussen. Sie lernen dazu. Sie begreifen schnell, dass zum Beispiel eine Erhöhung des Kindergeldes heute von der Regierung gerne durch künftige neue Steuererhöhungen ausgeglichen wird. Die Geschenke holt sich der Staat zurück, solange er selbst klamm ist. Wenn das aber so ist, dann fällt es den Leuten schwer, fröhlich Geld auszugeben. Dann halten sie sich zurück.

5 Ein Gebilde namens Staat

Heißt das, dass den Regierungen die Hände gebunden sind? Ganz so ist es nicht. Ein Staat ohne Schulden wäre freier in der Wirtschaftspolitik. Er könnte mehr ausgeben, ohne gleich die Steuern zu erhöhen oder Kredite aufzunehmen. Sparen wäre also eine vernünftige Politik.

Eines der größten Probleme bleibt die Arbeitslosigkeit. Und dafür gilt, dass der Staat damit helfen würde, Arbeit billiger zu machen, indem er zum Beispiel die Kosten, mit denen er selbst Arbeit verteuert, herunterfährt.

Zudem gibt es zu viele schlecht ausgebildete Leute in Deutschland. Sie stellen die Mehrheit der Arbeitslosen. Deswegen müssen die Schulen darauf achten, dass niemand zurückfällt und ohne Abschluss abgeht. Selbst in den schlechten Phasen der Konjunktur sind gut ausgebildete Leute immer einigermaßen gut zurecht gekommen. Die Leute, die in den Beruf und damit die Marktwirtschaft entlassen werden, brauchen Proviant, damit sie nicht sofort einknicken. Dieser Proviant besteht aus Wissen, Können und Einstellung. Für Wissen ist vor allem der Staat zuständig.

Ein paar Trends und was sie uns bringen werden – Die verrückte Wirtschaft

Wirtschaft ist keine langweilige Veranstaltung, bei der Unternehmen gemütlich jeden Tag ihre Produkte verkaufen und alles sonst seinen ruhigen Lauf nimmt. Kunden haben neue Wünsche, werden anspruchsvoller. Die Konkurrenz hat neue Ideen. Und in anderen Ländern gibt es Unternehmen, die das Gleiche viel billiger können.

6 DIE GROSSE, WEITE WELT

Die Welt ändert sich laufend. Die Wirtschaft hat in ihrer Entwicklungsgeschichte bisweilen Sprünge gemacht, ihr Antlitz von Grund auf geändert. Zumindest kommt es einem so vor.

Ein großer und entscheidender Sprung war die Industrielle Revolution. Sie begann in den letzten Jahrzehnten des 18. Jahrhunderts in England, als Fabriken aufkamen und in vielen Wirtschaftsbereichen die Handwerksarbeit ersetzten, und breitete sich dann in anderen Ländern Westeuropas und in Nordamerika aus.

Die Fabrikarbeit erhöhte die Menge der Güter, die die Wirtschaft produzierte, dramatisch. Die Fabriken lockten Leute aus den Dörfern an, neue Städte bildeten sich. Das Leben der Menschen änderte sich gravierend. Die industrielle Revolution hatte ihre Anfänge in der Textilindustrie, dann kam die Eisenverarbeitung hinzu, und später revolutionierte sich mit Eisenbahn und Dampfschiffen das Verkehrswesen.

Wenn nicht alle Zeichen täuschen, erleben wir gerade wieder eine Revolution. Sie hat in den neunziger Jahre begonnen und dauert noch an. Ein großer gemeinsamer Name ist für diesen Umbruch noch nicht gefunden. Aber es spielen die Stichworte Internet, Mobilfunk, Globalisierung und Outsourcing (die Verlegung von Produktionen in ärmere und billigere Länder) eine große Rolle dabei. Ein Merkmal der Entwicklung ist auch, dass Produktion nicht mehr so wichtig ist wie früher. Aus Sicht der Unternehmen wird das Verkaufen die entscheidende Fähigkeit.

Der Umbruch lässt sich zerlegen in drei große Trends, die die Wirtschaft dramatisch verändern und die alle irgendwie zusammenhängen: Die Internetrevolution, die Globalisierung und die Bildung der Markenwelt.

1 Die Internetrevolution

Bis in die neunziger Jahre hinein hörten junge Leute Musik auf Kassetten und Schallplatten. Heute gibt es die kaum noch – in England haben einige Händler gerade beschlossen, Kassetten überhaupt nicht mehr in ihren Geschäften anzubieten. Bald müssen wir wahrscheinlich wieder Abschied nehmen. Adieu, CD, genauer: Adieu, bespielte Musik-CD. Dabei gibt es sie erst seit 1981 auf dem Markt. Doch heute, gerade mal 25 Jahre später, schreiben Fachleute schon, dass ihr Ende bevorsteht.

Denn bespielte CDs werden immer weniger gekauft. Der Grund ist klar. Warum Geld ausgeben, wenn man die Musik umsonst im Internet bekommen kann. Gekauft werden deshalb vor allem leere CDs. Die kosten wenig Geld und darauf kann man Musikstücke brennen, die man aus dem Web heruntergeladen hat. Oder die Freunde aus dem Web heruntergeladen haben und dann am Computer kopieren. Das ist manchmal erlaubt und oft verboten.

6 DIE GROSSE, WEITE WELT

Für einen Wirtschaftszweig ist das bedrohlich: Die Musikunternehmen leben vom Verkauf von CDs, auf denen Musik von jenen Bands und Sängern ist, die bei den Unternehmen unter Vertrag sind.

Viele Musikunternehmen sind verzweifelt: Sie haben tausende Mitarbeiter entlassen müssen und verdienen viel weniger Geld mit ihren CDs. Nach langem Zögern haben sie selbst Websites aufgebaut, von denen man Musik herunterladen kann. Aber ein gutes Geschäft ist das nicht mehr.

Dabei hören die jungen Leute von heute viel mehr Musik als früher. Das ist zumindest mein Eindruck, wenn ich Jugendliche beobachte. Fast alle haben einen Stöpsel im Ohr.

Die neue Internettechnik hat der alten Branche das Geschäft gründlich verdorben. Aber es gibt auch eine andere Seite: Einige Unternehmen blühen auf. Unternehmen wie Tonspion zeigen Musikfans, wo sie kostenlos und legal Lieder herunterladen können. Die Firma Apple verdient mit der Website iTunes viel Geld.

Das ist das Typische für technologische Umbrüche: Altes verbleicht, Neues erblüht.

Inzwischen werden viele Branchen vom Internet bedroht. Internettelefonie treibt die alten Telefongesellschaften wie die Deutsche Telekom, die aufs Festnetz setzen, in die Enge. Internet-Fernsehen wird die Sendeanstalten in Frage stellen. Wozu vom ZDF vorschreiben lassen, was man guckt, wenn man selbst das Programm im Internet zusammenstellen kann? Der Versandhandel wurde durch das Internet revolutioniert. Der Quelle-Katalog kommt aus der Mode. Dafür sind Unternehmen wie Amazon und Ebay entstanden. Bankgeschäfte wie Überweisungen macht man über das Internet. Zeitung wird häufig im Internet gelesen.

Kämpfen müssen selbst Hersteller von Traditionsprodukten wie Lexika. Heute noch steht bei vielen Familien in Deutschland der 24-bändige oder der 30-bändige „Brockhaus" im Wohnzimmer. Britische Familien sind mit der Encyclopaedia Britannica versorgt. Beide Lexika-Reihen waren über viele Jahrzehnte hinweg außergewöhnlich erfolgreich, obwohl sie sehr, sehr teuer sind: Mehr als 2.000 Euro sind dafür zu bezahlen. Die Verlage verdienten lange prächtig. Dann begann die Krise. Zuerst in England. Die CD-ROM kam auf den Markt. Und Bill Gates, der Chef von Microsoft, ließ eine Software für Lexika entwickeln. Encarta hieß sie. Das gesamte lexikalische Wissen wurde auf eine CD-ROM gepresst, die man bequem mit sich herumtragen kann.

Britannica verlor seit 1990 ungefähr 80 Prozent seiner Einnahmen. Die Leute kauften lieber die CD-ROMs. Die sind handlicher und viel billiger. Es kostet viel weniger Geld, eine CD-ROM herzustellen als ein Buch. Der nächste Schlag kam mit dem Internet: Dort entstand die Website Wikipedia. Das ist ein Online-Lexikon, das von Freiwilligen zusammengeschrieben wird. Es wird immer umfangreicher und besser. Und außerdem wird Wikipedia ständig aktualisiert. Das Beste für die Kunden ist aber: Es ist umsonst. Wer kauft da noch schwere Lexika? Was in Zukunft aus dem Brockhaus und der Britannica wird, steht nicht fest. Neue Technik hat ihren Markt dramatisch verändert.

Das Verblüffende ist eigentlich, wie schnell das alles ging. Heute kennt fast jeder Internetunternehmen wie Google. Das Unternehmen ist bei der Drucklegung des Buches noch keine zehn Jahre alt und hat am 16. Juli 2007 einen Wert von 92 Milliarden Euro. Das deutsche Autounternehmen Daimler ist rund 100 Jahre älter und am selben Tag nur 72 Milliarden Euro wert.

Ist das alles gut oder ist das schlecht? Wie es so ist im Leben – Umbrüche und Veränderungen haben Gewinner und Verlierer. Die Nachteile: Arbeiter in Unternehmen mit veralteter Technik müssen um ihren Job Angst haben.

6 DIE GROSSE, WEITE WELT

Oder hinnehmen, dass sie schlechter bezahlt werden, weil ihre Arbeit nicht mehr so gefragt ist. Die Deutsche Telekom, die einst das ganze Telefon- und Kommunikationsnetz in Deutschland beherrschte, ist enorm unter Druck. Sie hat gerade durchgesetzt, dass 50.000 Mitarbeiter weniger Geld bekommen und dafür mehr arbeiten müssen.

Wenn Unternehmen verschwinden, dann ist das immer auch mit Nachteilen für die Städte und Dörfer verbunden, in denen die Unternehmen gearbeitet haben. Dort gibt es dann weniger Jobs, und die Verwaltung bekommt weniger Steuern. Und ein bisschen traurig ist es auch, weil Traditionen verloren gehen.

Auf der anderen Seite wird Platz gemacht für etwas Neues. Neue Arbeitsplätze entstehen bei neuen Telefongesellschaften oder neuen Internetanbietern. Der Kunde kann auf einmal wählen, ob er bei der Telekom, bei Arcor oder Alice unter Vertrag sein will. Und ist es nicht klasse, dass man überall auf der Welt E-Mails empfangen und abschicken kann? Dass man die Informationen dieser Welt überall abrufen kann?

2 Die Globalisierung

Globalisierung soll ein neuer Trend sein? Sind nicht schon die Griechen, Phönizier und Römer mit Handelsschiffen durch die Welt gereist? Ja, das stimmt. Und holländische und britische Aktiengesellschaften haben schon vor rund 400 Jahren Geschäfte mit Asien und Amerika gemacht.

Der Handel hat sich natürlich intensiviert. Seit Jahrzehnten verdienen fast alle großen deutschen Unternehmen mehr Geld mit Kunden im Ausland als mit Kunden im Inland. Und wir haben uns schon so sehr daran gewöhnt, Güter aus dem Ausland einzukaufen, dass uns das gar nicht auffällt: Apfelsinen, Ananas, aber auch die meisten Weintrauben und Äpfel, CD-Player, Computer und Möbel kommen nicht aus Deutschland.

6 DIE GROSSE, WEITE WELT

Aber ein paar Veränderungen haben sich erst in den letzten 10 bis 20 Jahren ereignet. Es begann damit, dass Unternehmen anfingen, ihre Fabriken in Westeuropa oder den USA zu schließen und dafür neue in Osteuropa oder in Asien zu eröffnen.

Das waren Fabriken, in denen viele Menschen mit einfachen Tätigkeiten beschäftigt waren – Jeans zusammennähen zum Beispiel. Die einfache Arbeit konnte man auch ungelernten Arbeitern in den neuen Ländern beibringen, die genauso gut produzierten wie die Leute aus den reichen Ländern, nur für viel weniger Lohn.

In der nächsten Phase verschwanden ganze Branchen. Früher wurden Fernseher, Radios und Plattenspieler vor allem von deutschen Unternehmen gebaut. Heute kommen solche Geräte überwiegend aus Asien. Das gilt auch für Computer, Drucker und so weiter.

Inzwischen sind vor allem indische und chinesische Unternehmen fähig, den Wettbewerb mit Konkurrenten aus Europa und Amerika zu bestehen. Vorher hatten schon Korea und Japan zu den Industrieländern aufgeschlossen und sie in vielen Bereichen überholt.

Eine etwas neuere Entwicklung ist, dass auch anspruchsvolle Dienstleistungen nun in Ländern wie Indien eingekauft werden.

Zum Beispiel Steuererklärungen: Jeder erwachsene Bürger auf der Welt muss seinem Finanzamt jedes Jahr anzeigen, wie viel Geld er verdient. Man nennt das Steuererklärung, weil das Finanzamt aufgrund der Angaben die Steuer ausrechnet. Weil diese Steuererklärungen gar nicht so leicht anzufertigen sind, lässt man sich von Steuerberatern helfen. Knapp eine halbe Million dieser Steuererklärungen von Amerikanern fertigen heutzutage indische Unternehmen an.

Oder Technologie: Viele Unternehmen in Westeuropa lassen ihre Computer von Fachleuten in Osteuropa oder Indien aus programmieren. Das ist billiger. Oder medizinische Dienstleistungen: Manche Deutsche fahren nach Polen, um sich dort ihre Zähne richten zu lassen. Das ist billiger. US-Amerikaner lassen Schönheitsoperationen in Brasilien oder Mexiko machen. Das ist billiger. Amerikanische Krankenhäuser schicken die Röntgenbilder ihrer Patienten elektronisch nach Indien, wo sie ausgewertet werden. Das ist billiger.

Ausgelagert werden auch sogenannte Callcenter. In Callcentern arbeiten Menschen, bei denen Kunden anrufen können, um etwas zu bestellen oder um sich bei einem technischen Problem helfen zu lassen. Viele Anrufe werden längst ins Ausland gelenkt. Wer zur Lufthansa will, spricht vielleicht mit einem Angestellten eines Callcenters in Istanbul. Wer in Amerika ein Problem mit seinem PC hat, wird oft nach Indien geleitet.

Inzwischen werden selbst Unternehmensbereiche in andere Länder ausgelagert, von den man glaubte, sie würden für immer hier bleiben: zum Beispiel die Buchhaltung. Das ist die Abteilung, die ausrechnet und aufschreibt, was der Einkauf und was die Produktion des Unternehmens kostet und wie viel die Verkäufe einbringen. Auch Entwicklungsabteilungen, die sich Gedanken über neue Produkte machen, wandern manchmal ins Ausland.

Was passiert, ist nichts weiter als Arbeitsteilung. Ein Fertigungsprozess wird in einzelne Schritte unterteilt und möglichst kostengünstig ausgeführt. Das Musterbeispiel einer globalisierten Produktion ist der Computerhersteller Dell aus den Vereinigten Staaten von Amerika.

6 DIE GROSSE, WEITE WELT

Das Beispiel einer globalisierten Produktion:
Der Computerhersteller Dell

Das Beispiel folgt einer Beschreibung, die der amerikanische Journalist Thomas Friedman im Buch „The world is flat" (Die Welt ist flach) aufgeschrieben hat.

Der Journalist hatte am Telefon in den USA ein Notebook bei der amerikanischen Computerfirma Dell bestellt und die Firma gebeten, ihm zu erklären, wo der Laptop eigentlich herkam. Dazu muss man wissen, dass Dell, gegründet 1984, ein besonderes Unternehmen war. Dell Computer gab es bis vor kurzem nicht in Geschäften zu kaufen. Das übliche Prozedere bei Dell geht so: Die Kunden bestellen die Laptops über das Internet oder über das Telefon, nachdem sie einen Werbeprospekt durchgelesen hatten. Dann erst werden die Computer zusammengebaut.

Das ist etwas Besonderes: Normalerweise stellen die Unternehmen Autos, Handtücher oder CD-Player her und hoffen dann, dass sie die Produkte auch verkaufen können. Dell jedoch setzt die Geräte erst zusammen, wenn ein Kunde sie haben will.

Dass das funktioniert, ist einem einzigartigen Computersystem zu verdanken. Es sorgt dafür, dass die Manager aller Dell-Fabriken und Lager auf der ganzen Welt genau wissen, was zu tun ist, sobald eine Bestellung aufgegeben wurde, und die einzelnen Schritte rund um den Globus aufeinander abstimmen.

Spätestens eineinhalb Stunden nach der Bestellung des Laptops, die irgendwo in den USA aufgegeben worden war, lieferten Lastwagen aus Hochregallagern im 20.000 Kilometer entfernten asiatischen Malaysia genau die nötigen Einzelteile in der Fabrik ab, die die Arbeiter dort für sein Notebook brauchten, schreibt Friedman.

Und wo kamen die Teile her? Genau lässt sich das nicht sagen, aber so ungefähr: Der Mikroprozessor kam von der Firma Intel, die diese in Costa Rica, auf den Philippinen, in Malaysia und in China herstellt. Der Speicher kam aus Deutschland von einer Firma namens Infineon oder aus Korea von Samsung. Die Grafikkarte kam aus China, die Luftkühlung aus Taiwan, der Bildschirm aus Südkorea, Japan oder Taiwan und der Memory Stick aus Malaysia oder Israel. Und so weiter und so fort.

Am gesamten Notebook des amerikanischen Journalisten waren 400 Unternehmen beteiligt, ließ Dell Friedman wissen, die Lieferanten der Lieferanten mitgezählt. Wenn alles glatt läuft, dauert die Zeit zwischen der Bestellung des Notebooks und der Lieferung trotzdem nur fünf Tage.

Da klingt wie ein Rekord. Und es stellt sich eine Frage: Ist Dell wirklich ein Computerbauer? Das auch. Aber vor allem ist Dell ein Spezialist im Zusammenführen von Lieferanten auf der ganzen Welt.

Der Fall Dell zeigt beispielhaft die neuen wirtschaftlichen Entwicklungen: Dass nämlich auch Unternehmen aus ärmeren Ländern zuverlässig gute Arbeit und technisch schwierige Produkte abliefern können. Dass neue Informationstechnik es Unternehmen ermöglicht, weit entfernte Fabriken zu steuern. Und drittens ist Dell ein Beweis, dass Unternehmen der alten reichen Länder gute Chancen haben, wenn sie die Produkte und Fähigkeiten aus der ganzen Welt und dem Heimatland geschickt miteinander kombinieren.

6 DIE GROSSE, WEITE WELT

Ist Globalisierung gut oder schlecht?

Wir haben schon die Vorzüge der Arbeitsteilung kennengelernt. Wenn jeder in einer Band das Instrument spielt, dass er am besten beherrscht, kommen die besten Lieder heraus. Globalisierung ist Fortsetzung der Arbeitsteilung. Ihr Nachteil ist, dass sie so viel Unruhe bringt.

Vor allem Arbeitnehmer, die jahrelang für Unternehmen wie Siemens, Telekom oder Allianz gearbeitet haben, bekommen es plötzlich mit der Angst zu tun. Denn ihre Jobs in München, Kamp-Lintfort, Frankfurt oder Bonn könnten plötzlich auch Mitarbeiter desselben Unternehmens in Krakau, Bratislava oder Kuala Lumpur erledigen. Es gibt Konkurrenz im eigenen Haus.

Aus Sicht ihrer Arbeitgeber ist das nicht unbedingt ein Nachteil. Die ganz großen Unternehmen kommen mit der Globalisierung zurecht, weil sie inzwischen oft selbst Betriebe in allen Teilen der Welt haben. Wenn die Fabrik in Deutschland der Konkurrenz nicht trotzen kann, dann übernimmt eben eine Fabrik des Konzerns in China die Aufgabe.

Für die Arbeitnehmer wird es manchmal schwierig. Wie sollen sie umlernen, wenn sie 50 Jahre alt sind und 30 Jahre lang nichts anderes als den Job gemacht haben, der nun nach Rumänien ausgelagert wird?

Gute Globalisierung, schlechte Globalisierung? Wir sollten das Problem etwas gründlicher betrachten.

Grundsätzlich gibt es keinen Grund, warum Arbeitsteilung nur innerhalb von Deutschland stattfinden soll. Der Fußballclub Bayern München verfolgt ein wichtiges Ziel: Sieger der Champions League und Deutscher Meister zu werden. Das wichtigste Gebot ist der Erfolg, deshalb teilt er die Mannschaft ein in Torhüter, Verteidiger, Mittelfeldspieler und Stürmer. Für jede der Po-

sitionen holt Bayern München die besten Spieler, egal ob sie aus Italien, Frankreich, Brasilien oder Mönchengladbach kommen. Alle erfolgreichen Clubs der Welt arbeiten so. Clubs, die mit Ausländerbeschränkungen arbeiten, kommen nie ganz nach oben. Arbeitsteilung bedeutet immer auch Handel. Denn alles, was ich haben will, aber nicht selbst herstelle, muss ich kaufen.

Könnte es trotzdem sinnvoll sein, die Einkaufsmöglichkeiten aufs Inland zu beschränken, damit es den heimischen Unternehmen besser geht? Dazu ein Beispiel: Apfelsinen wachsen gut in Spanien. Deutschland baut gute Autos. Spanier und Deutsche wollen beides haben: Apfelsinen und Autos. Weil jeder sich auf seine Fähigkeit konzentriert, können die Bürger beider Länder Orangen genießen und gute Autos.

Da taucht ein deutscher Politiker auf und sagt: Halt! Wir wollen selber in Deutschland Apfelsinen anbauen, dann müssen wir sie nicht einführen und unsere Leute haben Arbeit. Also macht Deutschland ein Gesetz: Ab jetzt darf niemand in Deutschland mehr Apfelsinen aus Spanien einführen. Einige Arbeitslose finden Arbeit.

In Deutschland wachsen Apfelsinen schlechter, es dauert länger bis sie groß werden. Die Ernten sind viel kleiner. Und die deutschen Erntehelfer verlangen mehr Geld. Denn in Deutschland werden höhere Löhne bezahlt.

Also kommen die Apfelsinen später als normalerweise in die Supermärkte. Sie sind kleiner als spanische. Und saurer sind sie auch, weil sie weniger Sonne hatten. Teurer sind sie, weil es weniger Wettbewerber gibt. Und weil diese deutschen Wettbewerber ebenfalls hohe Preise verlangen.

Der Kunde ist der Verlierer, denn er muss mehr Geld für schlechtere Produkte bezahlen. Oder er verzichtet. Das ist das erste schlechte Ergebnis. Das Geld, das der Kunde drauf gezahlt hat, fehlt ihm an anderer Stelle. Zum

6 DIE GROSSE, WEITE WELT

Beispiel fehlt ihm Geld fürs Kino, oder er schiebt den Friseurbesuch auf. Diese Branchen sind die zweiten Verlierer.

Die Geschichte geht noch weiter: In Spanien treffen wir auf einen traurigen Apfelsinenhändler, den dritten Verlierer, der diesmal weniger Geld verdient hat. Weil er seinen wichtigsten Kunden Deutschland verloren hat, musste er seine Preise für die Apfelsinen senken, damit er sie überhaupt noch verkaufen konnte.

Er hat viel weniger Geld verdient als geplant. Schade, denn eigentlich wollte er neue deutsche Lieferwagen bestellen. Jetzt wartet er noch ein bisschen damit. Der deutsche Autobauer dieses Lieferwagens könnte der vierte Verlierer sein.

Sicherlich ist dieses Beispiel stark vereinfacht. Aber es zeigt doch, was passieren kann, wenn der Handel gebremst wird.

Die Markenwelt: Red Bull, Adidas und Co.

Warum kaufen Jugendliche T-Shirts von Nike oder Adidas, obwohl die gut und gerne zehnmal teurer sind als ganz normale T-Shirts ohne Logo? Billiges verkauft sich gut, haben wir gelernt. Und was noch? Cooles verkauft sich gut. Nike, Adidas, Red Bull, Coca Cola, iPods. Alle diese Sachen haben eines gemeinsam: einen berühmten Namen.

Alle sind Markenartikel. Jeder kennt sie. Aber das kommt nicht von ungefähr: Die Unternehmen geben sehr viel Geld für Werbefilme, Plakate oder Anzeigen aus, um ihre Produkte bekannt zu machen.

Das Beispiel Red Bull: Das ist die Marke eines Unternehmens, das in Österreich in der kleinen Stadt Fuschl am Fuschlsee groß wurde. Red Bull ver-

kaufte 2006 Getränke für 2,6 Milliarden Euro. (Nur um einmal zu verstehen, wie viel Geld das ist: Würdet Ihr jeden Tag 1.000 Euro bekommen, würdet Ihr die 2,6 Milliarden Euro in ungefähr 7.100 Jahren aufgebraucht haben.)

Von diesen Einnahmen nimmt der Chef des Unternehmens 900 Millionen Euro für Werbung und Vermarktung. Das heißt, er gibt vermutlich mehr Geld für die Werbung des Getränks aus als für die Herstellung. Das Getränk besteht aus Wasser, einem Süßstoff, Zucker, Säuerungsmittel und ein paar anderen Zutaten, die nicht die Welt kosten.

Die Werbung dient dazu, das Getränk bekannt zu machen. Aber viel wichtiger noch: Die Werbung soll das Getränk begehrt machen. Wir Kunden sol-

len das Gefühl bekommen, dass wir glücklicher werden, wenn wir das Getränk kaufen und trinken. Und wir sollen bereit sein, viel Geld dafür auszugeben.

Der Energy-Drink ist süß, klebrig und schmeckt nach Gummibärchen. Viele junge Leute wollen ihn trinken. Denn er ist in. Wie hat Red Bull das hingekriegt? Wie ist Red Bull cool geworden?

Durch alle möglichen Aktivitäten, die auf den ersten Blick mit Durstlöschen nicht viel zu tun haben. Red Bull gibt viel Geld für Wettkämpfe in gefährlichen Sportarten aus. Zum Beispiel für die Formel-1-Autorennen oder den Red-Bull-Flugtag. Dabei stürzen sich die Teilnehmer in selbstgebauten Fluggeräten von einer Rampe ins darunter liegende Wasser. Sieger ist der, der am weitesten fliegt, das witzigste Fluggerät hat und irgendwie gut rüberkommt.

Red Bull hat Geld für die Loveparade ausgegeben, für einen Wettbewerb von Stuntmännern, für Seifenkistenrennen, für Surfen mit Fallschirm und seit neuestem für Fußball. Und sogar für einen Auftritt im Kinofilm. Red Bull tauchte bei Ocean's Twelve mit George Clooney und Brad Pitt auf.

Extremsport, Loveparade und Brad Pitt, das ist irgendwie gefährlich, enthemmt und cool. Jeder junge Mensch möchte damit zu tun haben und kauft deshalb Red Bull. Das ist zumindest der Plan des Unternehmens. Oft funktioniert er.

Red Bull ist je Liter ungefähr dreimal so teuer wie Coca Cola. Und Cola ist im Vergleich zu Konkurrenten nicht billig.

In erfolgreichen Marken steckt ein Gefühl, das der Kunde haben möchte. Adidas war lange erfolgreich. Später wurde das Sportschuhunternehmen etwas langweilig. Doch dann, vor 20 Jahren, machten die New York Rapper Run DMC ein Lied auf Adidas-Superstar-Turnschuhe („My Adidas"), das ein

Nummer-1-Hit wurde. Einige Leute behaupten, die Rapper hätten auch die Mode erfunden, Turnschuhe mit offenen Schuhbändern zu tragen.

Nach dem Lied machte Adidas einen Werbevertrag mit den Rappern. Für Adidas war das Lied sehr gut, weil das Unternehmen dadurch nicht mehr altmodisch wirkte. Rapper waren damals jung und aufregend. Der Ruf der Rapper sollte sich auf Adidas übertragen und als nächstes auf den Käufer.

Ein anderes Beispiel: Der Fußballer Ronaldinho wirbt für Nike. In einem Werbespot bekommt er neue Nike-Schuhe. Er zieht sie an. Er hält den Ball in der Luft. Er knallt den Ball viermal hintereinander gegen die Querlatte des Tores. Später noch ein fünftes Mal. Der Spieler zeigt ein Wunder an Genauigkeit und Ballkunst. So genau will jeder Fußballer schießen können. Mit solchen Schuhen, wie Ronaldinho sie trägt, wird man ein besserer Fußballer. Das sollen die Leute denken. Und dann sollen sie die Schuhe kaufen.

Bekannte Marken sind nicht immer cool. Tempo ist sehr bekannt, Persil, Marlboro oder Uhu sind es auch. In sind sie nicht. Aber sie versprechen immer irgendetwas. Zum Beispiel verspricht das Waschmittel Persil Zuverlässigkeit und große Qualität. Mit dem Spruch: „Da weiß man, was man hat" ist Persil berühmt geworden. Der Spruch gilt für Marken allgemein. Da weiß man, was man hat. Man muss nicht lange nachdenken. Marken stehen immer für irgendetwas. Sie sind verlässlich.

McDonald's ist eine Marke, die fast jeder kennt. McDonald's steht für hippes Essen ohne Besteck und ohne Förmlichkeit. Außerdem kommt es schnell. Überall auf der Welt ist das so. Das Essen von McDonald's schmeckt überall so ziemlich gleich, außer in Indien und Japan. Dort konnten die Gäste mit den Hamburgern mit amerikanischer Geschmacksnote nichts anfangen.

Der Amerikaner aber, der um die Welt reist, kann fast immer wie zu Hause essen.

6 DIE GROSSE, WEITE WELT

Ein anderes Beispiel für eine Marke ist Hennes & Mauritz. Hier bezieht sich die Marke nicht auf eine Sache, sondern auf ein Unternehmen. Man kann Blusen, Hosen, Pullovern ansehen, dass sie von Hennes & Mauritz kommen. Das behauptet meine Tochter zumindest. Weil es immer ein ähnlicher Stil ist. H&M ist immer ein bisschen dem Trend voraus, sagt meine Tochter. (Noch einen Trick wendet H&M an, sagt zumindest meine Tochter: Die Klamotten fallen groß aus. Dann haben die Kunden und vor allem Kundinnen das Gefühl, sie seien schlank. Nur bei der BH-Größe läuft es anders herum. Das finden die Kundinnen auch gut.)

Das Unternehmen schafft es, eine neue Modeidee in drei Wochen zu einem T-Shirt oder zu einer Hose zu machen. Fast jeden Tag kommt neue Ware in die größeren Filialen. Deshalb kommen hartnäckige Kundinnen genauso oft. Außerdem ist H&M günstig. T-Shirts für 4,90 Euro, Jeans für 18,90 Euro. All das ahnt der Kunde, der an H&M denkt. H&M gibt eine Menge Geld für Werbung aus.

H&M kombiniert zwei Vorteile: Das Unternehmen hat einen Ruf für coole Mode, die billig ist. Billig sind T-Shirts ohnehin. Man braucht für ihre Produktion fast keine Menschen. Alles erledigen Maschinen. Wenn die Maschinen Millionen T-Shirts produzieren, fallen ihre Kosten kaum ins Gewicht. Auch der Transport ist billig. Es passen Millionen T-Shirts in einen Container. Die Frachtkosten je T-Shirt sind deshalb minimal.

Große Ketten wie H&M bekommen die T-Shirts besonders billig, weil sie so viele auf einmal abnehmen. Das ist für den Verkäufer, den T-Shirt-Produzenten, eine sichere Sache.

Die Herstellung von Massengütern wie T-Shirts oder Hosen fällt also kaum ins Gewicht. Das meiste Geld stecken vor allem Markenunternehmen nicht in die Produktion, sondern in die Werbung.

Jeans für 12 Euro und für 1.200 Euro

Bei der Marke bezahlt man das Gefühl immer mit. Deswegen können Markenwaren ein bisschen teurer sein. Wenn man Glück hat, kann man bei Aldi Jeans ohne bekannten Namen für 12 Euro kaufen. Hosen der Marke Diesel kosten zehnmal soviel. Aber die teuersten kosten 100-mal soviel: Jeans der Edelmarke „7 for all Mankind". Diese Edelhose für Frauen gab es zuerst in Los Angeles. Die Hose hebt den Po, warben die Erfinder. Und sie macht lange Beine.

Deshalb haben Hollywood-Stars wie Nicole Kidman, Cameron Diaz und Gwyneth Paltrow die Hose gekauft. Weil Stars oft fotografiert werden, landete die Hose in Illustrierten. Bald wollten viele Frauen „7 for all Mankind" tragen. Jeder spielt in der Hose ein bisschen Hollywood. Oder er will ein bisschen verrückt sein. Dafür geben Kunden Geld. Vielleicht ist das auch nur ein Märchen. Denn solche Werbelegenden denken sich die Unternehmen manchmal aus.

6 DIE GROSSE, WEITE WELT

Markenwelt, gut oder schlecht?

Jetzt geht es ans Eingemachte. Und es geht um die Frage: Wie frei bist Du wirklich, wie vernünftig und wie stark? Können die Werbung und das Marketing Dich so beeinflussen, dass Du ständig Entscheidungen triffst, die Du später bereust? Gibst Du ständig deutlich und nicht nur ein bisschen mehr Geld aus, als Du Dir eigentlich leisten kannst? Macht es Dir etwas aus, wenn sich Deine Mitschüler über die Aldi-Jeans und das Woolworth-T-Shirt lustig machen?

Wenn Du alle Fragen mit „ja" beantworten musst, dann hast Du ein Problem.

Man muss schon ganz schön stark sein, um schlechten Verlockungen zu widerstehen. Aber immer mehr scheinen die Stärke aufzubringen.

Zwar haben dank Handys und Handydiensten junge Leute heute höhere Schulden als früher. Doch es gibt inzwischen Hinweise, dass sie das Geldausgeben fürs Handy besser gelernt haben.

Dumm sind sie nicht.

7 Reiche Länder, arme Länder

Weil es so selbstverständlich ist, vergessen wir großen und kleinen Kinder in den Industrieländern manchmal, dass wir ziemlich viel Glück gehabt haben. Denn wir leben in reichen Ländern. Wenn wir krank sind, findet sich ein Arzt, wenn wir frieren, drehen wir die Heizung hoch. Wenn wir Durst haben, stellen wir den Wasserhahn an oder holen eine Apfelschorle aus dem Keller. Wenn wir Hunger haben, machen wir uns ein Butterbrot oder Spaghetti. Wir haben Fernseher, ICQ, MP3-Player und Play Station gegen die Langeweile.

Und wir haben noch einen Vorteil gegenüber den Kindern aus armen Ländern. Wir müssen nicht dumm bleiben. Wir dürfen Schulen besuchen. Das klingt zwar blöd. Aber es stimmt. Denn eine Sache steht fest und gilt für die ganze Welt: Leute mit guten Schulabschlüssen und Hochschuldiplomen sind deutlich reicher als Leute ohne Schulabschluss. Bildung ist wie ein Damm gegen Armut.

7 REICHE LÄNDER, ARME LÄNDER

Es geht nicht darum, alles toll zu finden in Deutschland. Das ist es nämlich nicht. Aber 90 Prozent der Länder auf der Welt würde gerne unsere Volkswirtschaft gegen ihre tauschen.

Wissenschaftler haben sich darüber Gedanken gemacht, warum viele Länder so bitterarm sind. Eine einfache Erklärung gibt es nicht, jedes arme Land hat seine eigene Geschichte. Doch manche Gründe findet man, die für viele arme Länder gelten. Hier sind sie.

1. Demokratie oder Diktatur

Politik spielt eine Rolle. Die Leser dieses Buches leben in einer Demokratie. Damit gehören sie zu einer Minderheit auf der Welt. Demokratien haben einen großen Vorteil in der Vergangenheit bewiesen. „In keiner Demokratie gab es jemals eine Hungerkatastrophe", schreibt der schwedische Historiker Johann Norberg. Das ist verblüffend.

Aber es gibt eine Erklärung: In einer guten Demokratie müssen sich die Politiker um das Volk kümmern, wenn sie wieder gewählt werden wollen. Das heißt nicht, dass die Politiker in Demokratien immer das Richtige entscheiden. Aber sie müssen mehr auf das Volk hören. Diktatoren pfeifen über kurz oder lang auf das Volk und verlassen sich lieber auf die Soldaten und Geheimdienste, die ihre Macht beschützen.

Ihnen fehlt der Anreiz, die Verhältnisse so zu ändern, dass alles besser für die meisten Menschen wird. Denn Diktatoren können nicht abgewählt werden. Sie sterben oder sie werden nach einem Aufstand vertrieben.

7 REICHE LÄNDER, ARME LÄNDER

Das ist natürlich eine vereinfachte Darstellung. Zwischen den blühenden Demokratien und kaputten Diktaturen gibt es Länder wie der Stadtstaat Singapur. Dort darf gewählt werden. Aber man darf nicht einfach so seine Meinung sagen oder in der Zeitung schreiben. Auch Versammlungen sind nicht ohne weiteres möglich. Deswegen ist es keine Demokratie wie in Europa. Aber das Land ist reich. Es wird ein bisschen geführt wie ein riesengroßes Unternehmen. Die Beamten sind gut ausgebildet und ehrlich. Und die Universitäten sind ausgezeichnet. Kleine Länder sind besser auf eine große gemeinsame Sache einzuschwören: In Singapur ist die große gemeinsame Sache der wirtschaftliche Erfolg.

2. Marktwirtschaft gegen Staatswirtschaft

Diktatoren neigen zur Selbstherrlichkeit: Sie glauben, sie wissen und können alles: Zum Beispiel wie man Lebensmittel verteilt. So haben viele afrikanische Länder in den sechziger und siebziger Jahren Behörden eingeführt, bei denen die Bauern alle Lebensmittel zu einem festgelegten Preis abliefern mussten.

Die Regierung hat dann die Verteilung der Lebensmittel übernommen. Die festgelegten Preise waren oft niedrig. Das ist kein Wunder: Die afrikanischen Länder waren arm.

Die Bauern verloren die Lust, viel zu ernten, weil die Preise so niedrig waren. Sie verarmten oder versuchten ihr Getreide unter der Hand zu verkaufen.

Die Regierung hatte den Markt verboten, weil sie schlauer sein wollte als der Markt. Das Gute am Markt ist aber, dass er jene belohnt, die etwas verkaufen, was alle haben wollen. Es gibt einen eingebauten Anreiz für Unternehmen, die anderen Menschen so zu versorgen, dass sie zufrieden sind.

7 REICHE LÄNDER, ARME LÄNDER

Auf Belohnungen reagieren die Menschen genauso wie auf Entmutigungen. Wenn es nichts bringt, sich anzustrengen und etwas zu verkaufen oder aufzubauen, dann haben die meisten wenig Lust dazu.

Reich sind Länder, deren Bürger fleißig Geschäfte machen. Sie verkaufen etwas, was jemand anderes haben möchte, mit Gewinn. Wenn alle Gewinn machen, dann ist das Land reicher. So einfach kann Wirtschaft sein. In armen Ländern haben es die Bürger schwer, Gewinn mit ihren Geschäften zu erzielen. Ihnen fehlt die Aussicht auf Belohnung für harte Arbeit.

3. Privatbesitz oder Gemeindeland

Nehmen wir einen zentralafrikanischen Bauern, der Getreide anbauen und verkaufen will. In reichen Ländern würde sich der Farmer einen Mähdrescher zulegen, um das Getreide schnell ernten zu können. Das Geld für die Erntemaschine käme von der Bank. Die würde dem Bauer des Nordens einen Kredit geben. Aber er müsste einen Vertrag unterschreiben, in dem er der Bank verspricht, ein Stück des Ackers der Bank zu überlassen, sollte er seine Schulden nicht begleichen. Der Acker ist für die Bank die Sicherheit, die sie braucht: Sollte der Bauer pleite gehen und den Kredit nicht zurückzahlen können, dann nimmt ihm die Bank seinen Acker weg und verkauft ihn weiter. So bekommt sie auf jeden Fall einen Teil des Geldes wieder, das sie ursprünglich verliehen hat.

Das klingt brutal und wäre schrecklich für den Bauern. Aber andererseits trauen sich die Banken gerade deshalb, Bauern Geld zu leihen. Was er dringend braucht. Denn im Idealfall läuft es so ab: Der Bauer des Nordens beleiht seine Äcker. Mit dem Kredit kauft er Ackermaschinen, Beregnungsanlagen oder Dünger. Diese Mittel helfen ihm, wenn es gut läuft, die Ernte

zu verbessern. Er nimmt mehr Geld ein. Aus den zusätzlichen Erträgen zahlt er den Kredit zurück und hat noch genug für sich übrig, um seinen Betrieb wachsen zu lassen oder seinen Kindern mehr Geld zu geben.

In armen Ländern fangen aber schon ganz am Anfang die Probleme an. Einen Kredit bekäme der Bauer des Südens in der Regel nicht. Denn das Land, auf dem er Gemüse anbaut und arbeitet, gehört ihm oft nicht. Das typische Eigentumsrecht der reichen Länder ist in weiten Teilen der Welt noch nicht üblich. Viele Bauern Afrikas wirtschaften auf Gemeindeland, schriftliche Pachtverträge sind die Ausnahme. In anderen armen Ländern gehört das Land reichen Großgrundbesitzern, die es lieber brach liegen lassen, als es Kleinbauern zu verschenken.

Das Recht an einer Immobilie, an einem Grundstück, ist zentral, um Geld von der Bank leihen zu können. Ein Ökonom aus dem Entwicklungsland Peru, Hernando de Soto, hat herausgefunden, dass unsichere Eigentumsverhältnisse ein ganz wesentlicher Grund sind, warum die armen Länder kranken. Um das Recht an einer Immobilie zu erlangen, waren in Peru 207 Verwaltungsvorgänge bei 52 verschiedenen Behörden erforderlich, ermittelte de Soto. Die juristisch wasserdichte Registrierung eines Grundstücks dauert in Ägypten zwischen fünf und fünfzehn Jahren.

So viel Zeit und so viel Geduld haben nur ganz wenige Menschen. Die meisten können es sich gar nicht leisten, fünf Jahre lang nichts anderes zu tun, als ein Grundstück bei der Behörde registrieren zu lassen. Sie müssen ja jeden Tag arbeiten und Geld verdienen. Also lassen sie es mit der Registrierung. Und bekommen von Banken keinen Kredit.

Weil das Kreditgeschäft nicht zustande kommt, leiden nicht nur der Bauer, sondern auch der Landmaschinenverkäufer und die Bank. Landwirtschaft, Landmaschinenherstellung und Bankwesen: Drei Branchen sind entmutigt, weil ein Bauer sein Kapital, den Boden, nicht mobilisieren kann. Hätte er ein

7 REICHE LÄNDER, ARME LÄNDER

Recht auf den Boden, auf dem er wirtschaftet, dann wäre der Arme unter Umständen gar nicht arm, sagt Hernando de Soto. Der Peruaner sprach vom toten Kapital der Armen. Er hat ausgerechnet, dass es ungefähr 9,2 Billionen Dollar entspricht. Das ist mehr, als arme Länder von den reichen Ländern seit 1945 an Entwicklungshilfe bekommen haben.

Hier bekommt man eine erste Ahnung, wie wichtig ein stabiles Eigentumsrecht ist.

7 REICHE LÄNDER, ARME LÄNDER

4. Gute Bürokratie und schlechte Bürokratie

Nehmen wir an, Afrikas armer Bauer lässt sich nicht entmutigen und kratzt Geld für eine Bewässerungsanlage zusammen. Eine Dieselpumpe drückt das Wasser durch die Leitungen, so sein Plan. Leider gibt es nicht immer Diesel. Unser Bauer erwägt stattdessen eine Elektropumpe.

Leider weigert sich die staatliche Energiefirma, Strom an den Bauern zu liefern. Denn der Bauer hat – wie vier Milliarden Menschen auf der Welt – keine formale Adresse. Für die Stromgesellschaften bedeutet das hohen zusätzlichen Aufwand, weil sie nur mit hohen Kosten nachprüfen können, wer ihr Kunde ist und wo er wohnt.

Wie nervig kann ein Einwohnermeldeamt sein, weil es immer mit Papierkram verbunden ist, denkt mancher Bürger der reichen Länder. Aber wie gut wäre ein gut funktionierendes Einwohnermeldeamt in armen Ländern.

7 REICHE LÄNDER, ARME LÄNDER

Den armen Ländern fehlen oft Institutionen, die ihren Bürgern Vertrauen in den Wirtschaftsverkehr garantieren. Es mangelt an den Gerichtsvollziehern, die zügig ausstehendes Geld aufgrund klarer vertraglicher Verhältnisse eintreiben. Es fehlen Katasterämter, die Eigentumsverhältnisse in Grundbücher eintragen, die Bücher aufbewahren und sie nicht manipulieren. Es fehlt oft ein Eigentumsrecht, das auch durchgesetzt wird.

Gute Bürokratie fehlt, aber schlechte Bürokratie ist reichlich vorhanden. In vielen armen Ländern gibt es mehr Staatsdiener als in reichen Ländern im Verhältnis zur Bevölkerung. Alle diese Beamten rechtfertigen ihr Dasein, indem sie von den Bürgern ausgefüllte Formulare verlangen, die sie dann bearbeiten können. Das dauert lang und entmutigt die Bürger, die zum Beispiel ein Unternehmen gründen wollen.

Die Beamten verhalten sich so, weil sie damit ihren Job sichern. Sie kommen selbst aus armen Verhältnissen und sehen den Beruf des Beamten als Traumberuf an. Er sichert ihnen ein kleines offizielles Einkommen.

Beamte werden in armen Ländern so schlecht bezahlt, dass sie auf zusätzliche Einnahmen angewiesen sind. In armen Ländern ist die Korruption regelmäßig besonders hoch, wie Untersuchungen der bereits erwähnten Organisation Transparency International belegen.

5. Zugang zu großen und kleinen Märkten

Unser Bauer im Beispiel lässt sich nicht entmutigen und erzielt eine gute Ernte. Am liebsten würde er nun unter verschiedenen Kaufangeboten das mit dem besten Preis auswählen. Am liebsten wäre es dem Farmer, er würde einen Händler finden, der das Getreide exportiert. Dann gäbe es eine größere Chance auf höhere Preise. Aber es gibt in der Nähe nur einen Abnehmer, der die Preise drückt. Die anderen Händler liegen aber einige Tagesreisen entfernt. Die Straßen sind schlecht und unsicher. Der Bauer gehört auch nicht zu den 2 Prozent glücklichen Bewohnern der Subsahara-Länder, die über Telefon verfügen. Deswegen kann er auch niemanden anrufen, um Preisvergleiche anzustellen und seine Verhandlungsposition gegenüber dem Händler zu verbessern.

Der Ökonom Ricardo Hausmann weist auf den Zusammenhang zwischen Unterentwicklung und Zugang zu wichtigen Märkten hin: ohne gute und sichere Straßen kein Handel. Und ohne Handel kein Wohlstand.

7 Reiche Länder, arme Länder

Es kostet 3.000 Dollar, einen Standard-Container von der Westküste der Vereinigten Staaten zur Elfenbeinküste zu bringen. Es kostet aber 16.000 Dollar, denselben Container von der afrikanischen Küste in ein zentralafrikanisches Land zu verfrachten. Container sind so wichtig, weil darin die meisten Handelsgüter verfrachtet werden. Wenn es zu teuer ist, Handelsgüter zu transportieren, dann finden Unternehmer zu wenige Abnehmer, die wenig Geld bezahlen. Die Anstrengung der Unternehmer wird nicht belohnt, weshalb sie aufhören, sich anzustrengen.

Es gibt aber noch eine andere Barriere, die den Zugang der armen Länder zu den wichtigen Märkten verhindert: Das sind die Zölle, die die reichen Länder auf Produkte armer Länder erheben. Das funktioniert zum Beispiel so: Die EU erhebt auf Zucker, der aus Afrika oder Südamerika nach Europa verkauft wird, Zölle. Das macht es für die armen Länder schwierig, den Zucker an uns zu verkaufen. Denn durch die Zölle wird das sehr teuer. Gleichzeitig unterstützt die EU die Zuckerrübenhersteller bei uns in Deutschland mit Geldern: Sie sollen ihren Zucker in Europa möglichst günstig verkaufen können und einen Vorteil gegenüber ihren armen Kollegen in der Dritten Welt haben.

So wird der freie Markt ausgeschaltet — zu Lasten der Armen. Nicht wenige Ökonomen fordern, die Einfuhrzölle ganz abzuschaffen, denn dann hätten die armen Länder viel bessere Chancen. Dagegen sind aber zum Beispiel viele europäische Politiker. Sie fürchten, dass die Landwirte in Frankreich oder Deutschland dann pleite gehen könnten. Und sie nicht wieder wählen würden.

Eine komplizierte Welt ist das da draußen. Die Hilfsorganisation Oxfam International hat vorgerechnet, dass Entwicklungsländer im Jahr 100 Milliarden Dollar an Zöllen zahlen müssen — das ist doppelt so viel, wie sie an Hilfe und Spenden von den reichen Ländern erhalten.

6. Geographie

Der amerikanische Ökonom Jeffrey Sachs hat herausgefunden, dass – abgesehen von Europa – die Küstenstaaten der Welt dreimal so reich sind wie die von Landmassen umgebenen Staaten. Dafür gibt es zwei Erklärungen. Die erste: Küstenländer haben Häfen und damit Zugang zum natürlichen und billigen Verkehrsweg Meer. Auf diesem Weg können Waren transportiert und zu anderen Märkten gebracht werden und gute Preise erzielen. Straßen oder Eisenbahnschienen zu bauen, ist viel anstrengender und teurer, als einen Hafen zu errichten.

Die zweite Erklärung: Länder mit langen Küstenstreifen haben tendenziell weniger Nachbarn. Und weniger Nachbarn bedeutet: weniger Kriege. Natürlich gibt es auch Gegenbeispiele: Die Schweiz ist reich, friedlich, küstenlos und umgeben von lauter Nachbarn.

Geographie und Klima spielen nach Meinung mancher noch mehr ins Leben von Menschen hinein: Der französische Denker Montesquieu beispielsweise meinte im 18. Jahrhundert eine Art Tabelle aufstellen zu können, der

zufolge Klima und Bodenbeschaffenheit Charakter und Kultur von Nationen beeinflussten. Nun ist es tatsächlich so, dass es in manchen Ländern einfach zu warm zum Arbeiten ist oder auch zu kalt oder zu feucht. Das leuchtet ein.

Andererseits scheint die Geographie nur ein schwacher Grund zu sein für Armut. Denn Schweden ist kalt, dunkel und zur Hälfte gefroren. Doch die Bürger des Landes haben einen hohen Lebensstandard. Und in manchen Städten der Vereinigten Staaten könnte man es vor Hitze kaum aushalten, gäbe es nicht die Klimaanlagen. Und schließlich: Singapur ist fast unerträglich feucht. Und sehr reich.

7. Bildung und Technologie

Bildung scheint so etwas wie die Grundvoraussetzung zu sein, um als armer Bürger und als armes Land aufzusteigen. Eines der ärmsten Länder der Welt ist Burkina Faso. In dem Land können neun von zehn Erwachsenen nicht lesen. Deshalb sind ihnen viele Informationen nicht zugänglich. Alle Informationen, die schriftlich niedergelegt sind, sind wertlos für sie. Sie können nicht nachlesen, welche Gesetze im Land gelten. Und welche Rechte sie haben. Sie können auch keine Zeitung lesen oder ins Internet gehen und sind daher nicht informiert darüber, was gerade in ihrem Land und der Welt passiert. Deswegen können sie leicht ausgenutzt werden.

Ungebildete Menschen können nur Berufe ausüben, in denen es auf Körperkraft ankommt. Sie verdingen sich in der Landwirtschaft. Dabei sind andere Branchen viel produktiver. Das heißt, man kann in der Computerindustrie, in der Medizin oder im Tourismus mit gleichem Einsatz viel mehr Geld verdienen.

Und selbst in der Landwirtschaft bekommen sie Schwierigkeiten. Manchmal wird Saatgut mit Informationsbroschüren geliefert, in denen zu lesen ist, wann und wie gesät werden soll.

Bauern im reichen Europa bekommen Wetterberichte zugeschickt und können sich danach richten. Jede neue Methode, jedes neue Düngemittel, jedes neue Saatgut wird schneller bekannt, wenn die Menschen darüber lesen können. Mangelnde Bildung bremst den Fortschritt.

Die Bauern bearbeiten ihre Felder so, wie es ihnen ihre Väter gesagt haben. Und die haben die Information von ihren Vätern. Neue Erkenntnisse in der Landwirtschaft haben in den sechziger und siebziger Jahren die Ernteerträge weltweit dramatisch erhöht. Die Erkenntnisse werden zuerst schriftlich verbreitet. Analphabeten erfahren zuletzt von ihnen.

Der Aufstieg Indiens aus schlimmster Armut heraus hängt unter anderem an den sogenannten Computer-Indern. Sie übernehmen Computerarbeiten für große amerikanische Unternehmen. Inder machen Steuererklärungen für amerikanische Bürger, sie beantworten über Hotlines Fragen von amerikanischen Computernutzern und sie werten Röntgenbilder amerikanischer Patienten aus. Das können sie, weil sie schon in der Schule Englisch gelernt haben und weil sie gut ausgebildet sind. Wenigstens für einige von ihnen gilt das. Denn auch in Indien können 300 Millionen Erwachsene nicht lesen.

8. Bodenschätze

Auf den ersten Blick ist es klasse, Öl, Kohle, Gold oder Diamanten im Boden zu haben. Und die Scheiche aus Saudi-Arabien oder aus den Ölemiraten lassen es sich gut gehen. Aber das Gesamtbild der Länder mit großen Bodenschätzen ist düster. Dafür gibt es mehrere Gründe.

Um Bodenschätze gibt es häufig Kriege. Das ölreiche Land Nigeria ist ein Beispiel dafür. Dauernd bekriegen sich rivalisierende Gruppen, es gibt Attentate, Menschen werden ermordet, entführt oder eingesperrt. Angola, wo es viel Öl und große Diamantenvorkommen gibt, leidet heute noch unter den Folgen der militärischen Konflikte im eigenen Land, die fast 30 Jahre lang dauerten und erst vor wenigen Jahren endeten.

Obwohl das Land zuletzt für 30 Milliarden Dollar Öl verkaufte, leben 70 Prozent der Menschen von weniger als zwei Dollar am Tag. Für die Mehrheit der Angolaner und Nigerianer gibt es keine normale Gesundheitsversorgung. Kriege machen Länder arm.

7 REICHE LÄNDER, ARME LÄNDER

Ein weiterer Grund, warum Bodenschätze arm machen, hängt mit der Gier zusammen. Sie vertreibt die Vernunft. Als vor 160 Jahren im amerikanischen Kalifornien Gold gefunden wurde, blieben Schiffe im Hafen von San Francisco liegen, weil die Matrosen kurz nach der Ankunft zu Goldgräbern wurden. Fabriken verloren ihre Arbeiter, Farmer ihre Erntehelfer und Zeitungen ihre Drucker. Hunderttausende machten sich zwischen 1848 und 1851 auf, um Gold zu suchen. Wichtige Arbeiten blieben liegen, Unternehmen mussten aufgeben, während die Goldgräber selbst selten ihr Glück fanden.

Für die Aussicht auf schnellen Reichtum verlassen Menschen gut funktionierende Wirtschaftsbereiche. Sie versuchen irgendwie, an die märchenhaften Erlöse aus den Bodenschätzen zu kommen. Sie bestechen Staatsbeamte, sie werden selbst Beamte, die über Öllizenzen zu bestimmen haben, sie bilden eine Partei, um staatliche Gelder umzulenken. Das schadet der wirtschaftlichen Entwicklung.

Dazu kommt, dass die Chefs dieser Staaten oft im Anflug von Größenwahn und in Aussicht auf viel Geld irre Projekte fördern. Nigeria hat sich eine neue Hauptstadt geleistet, Libyen einen gewaltigen künstlichen Wasserkanal. Viele arme Länder mit Bodenschätzen haben ihre Schulden noch stärker erhöht als arme Länder ohne Öl, Gas oder Gold.

7 REICHE LÄNDER, ARME LÄNDER

9. Europas schlimmes Erbe

Viele arme Länder in Asien, Südamerika und Afrika waren einst Kolonien europäischer Länder wie England, Spanien, Portugal, Belgien oder Frankreich. Spätestens nach dem 2. Weltkrieg wurden die Kolonien in die Unabhängigkeit entlassen. Sie wurden zu Ländern erklärt, obwohl sie früher nie welche waren. Ihre Grenzverläufe verdankten sie den Ideen von Beamten und Soldaten der Kolonialherren.

In manchen dieser jungen Länder begannen die unterschiedlichen Volksgruppen sofort, um die Macht zu streiten. Es gab Bürgerkriege.

Oft übernahmen Soldaten die Regierung, die vorher den Europäern gedient hatten. Sie wussten, wie man die Bürger ruhig hält. Sie wussten nicht, wie man die Bürger an der Leitung des Landes teilhaben lässt. Es entstanden Diktaturen mit den genannten Problemen.

Zugleich versäumten es die Europäer oftmals, unabhängige Gerichte und Verwaltungen zurückzulassen, die den Menschen Sicherheit gegeben hät-

ten. Dort, wo sich die Kolonialherren mehr Mühe gegeben haben, stehen die Länder heute besser da: Australien und Indien sind Beispiele dafür.

Nachdem die Kolonien so lange von den Europäern ausgebeutet worden waren, hatten sie die Nase voll, ihre Ernten und Bodenschätze nach Europa zu verkaufen. Das kann man verstehen. Aber die diesen Ideen folgenden Wirtschaftsreformen der jungen Regierungen waren trotzdem falsch: Sie zielten in vielen Ländern auf Selbstversorgung.

Die Länder wollten nichts mehr ausführen und keine Ware ins Land lassen. Damit koppelten sie sich vom Handel ab und wurden dadurch arm. Wie das passierte, das haben wir ausführlich erklärt: Sie spielten den Chefarzt, der sein eigenes Brot backt.

10. Entwicklungshilfe

Die reichen Länder überweisen armen Ländern Geld, damit diese es leichter haben. Das nennt man Entwicklungshilfe. Es ist schon sehr, sehr viel Geld geflossen. In den Ländern, die besonders viel Geld bekommen, sind die Menschen davon leider nicht unbedingt reicher geworden. Auf der anderen Seite gibt es arme Länder, die wohlhabender geworden sind, obwohl sie kaum Entwicklungshilfe bekamen: Das gilt vor allem für die beiden Aufsteigerländer China und Indien.

Viele Menschen sind durch Geld aus reichen Ländern gerettet worden. Die Länder und Organisationen, die Geld geben, sind oft gutwillig. Aber trotzdem hat Entwicklungshilfe bisher nicht so viel gebracht wie gehofft. Und manchmal sogar geschadet, vermuten Wissenschaftler.

In manchen Ländern wirken die Hilfsgelder wie Bodenschätze. Das heißt, die Menschen versuchen mit allen Tricks an das Geld zu kommen. Sie gründen zum Beispiel tausende lokale Umwelt- und Entwicklungsorganisationen. Man weiß nicht genau, welche dieser Organisationen wirklich Gutes

bewirken und welche von ihnen nur Geld einsacken wollen. Gute Entwicklungshilfe ist so schwer, weil es so viele Gründe für Armut gibt und keine einfache Erklärung.

Es gibt eine Organisation der Weltorganisation UNO, die für Ernährung und Landwirtschaft zuständig ist. Sie zählt regelmäßig, wie viele Menschen auf der Welt hungern. 1970 waren das 960 Millionen, fünfundzwanzig Jahre später waren es 760 Millionen. Gleichzeitig ist die Zahl der Menschen ganz stark gewachsen. Das heißt, es hungern heute deutlich weniger Menschen als noch vor knapp 40 Jahren. Der Fortschritt im Kampf gegen den Hunger ist den Bauern zu verdanken. Sie haben die Ernten in den letzten 50 Jahren verdoppelt.

Große Erfolge haben vor allem asiatische Länder, angeführt von China und Indien, wo rund eine Milliarde Menschen der bittersten Armut entronnen sind.

NACHWORT

Ich will ehrlich sein: Ich würde gerne etwas Geld mit dem Buch verdienen. Das funktioniert nur, wenn viele Menschen es kaufen. Wenn keiner es kauft, war meine Mühe umsonst. Ich habe meine Familie und Freunde unter Druck gesetzt. Sie kaufen notgedrungen. Das reicht mir aber nicht. Deshalb habe ich versucht, das Buch so zu schreiben, dass es unterhaltsam, nützlich und für junge Leute verständlich ist. Ich hoffe, das Ergebnis kann sich sehen lassen.

Angetrieben hat mich auch der Wunsch, mich wieder einmal etwas grundlegend mit den Fragen der Wirtschaft zu beschäftigen. Und schließlich finde ich es eine gute Idee, das spannende Thema Wirtschaft jungen Leuten nahe zu bringen.

Ich erkenne da Lücken, allerdings in allen Generationen, in allen Berufsgruppen und natürlich auch bei mir. Das war ganz sicher ein Motiv fürs Buch: Selbst alte Lektionen aus dem Wirtschaftsstudium auffrischen zu können.

In der Wirtschaftswelt wird eine ganze Menge getrickst. Das Buch könnte helfen, den einen oder anderen Trick zu entlarven. Das geheime Motto dieses Buches lautet: Lasst Euch nicht für dumm verkaufen.

Das Buch hat drei Zielgruppen, eine davon versteckt. Es ist für junge Leute geschrieben. Manchem Lehrer könnte es eine Hilfe sein, Wirtschaftskunde spannend zu vermitteln. Erwachsene dürfen das Buch heimlich auch für sich selbst kaufen. Das wird sogar gerne gesehen.

Wer als Erwachsener noch mehr Lust auf spannende Wirtschaft hat, dem seien folgende Werke empfohlen, die zum Teil für die Entstehung dieses Buches wichtig waren:

Tim Harford: Ökonomics
Steven Landsburg: The Armchair Economist (bisher nur auf Englisch)
Henry Hazlitt: Economics in one Lesson (bisher nur auf Englisch)
Patrick J. O'Rourke: Das Schwein mit dem Holzbein

Für Jugendliche gibt es (noch) wenig Geeignetes. Eine Ausnahme ist:

Nikolas Piper: Felix und das liebe Geld

Gute Texte finden sich auch auf der Website des Bundesverbandes deutscher Privatbanken: www.bankenverband.de und auf der Website der Bundesbank: www.bundesbank.de.

Mit der Serie „Erklär' mir die Welt" versucht die Frankfurter Allgemeine Sonntagszeitung jede Woche, ein größeres Publikum für Wirtschaftsthemen zu gewinnen.

Die Idee für ein Buch, das meine Kinder verstehen, hatte ich schon lange. Geschrieben habe ich es, weil Danja Hetjens von Frankfurter Allgemeine Buch mich gefragt hat. Danke für das Vertrauen und die unkomplizierte Zusammenarbeit.

Als ich es schrieb, hatte ich meine vier Kinder und ihre täglichen Ausflüge in der Welt der Wirtschaft vor Augen. Hin und wieder habe ich sie interviewt. Viele ihrer Ratschläge sind in dieses Buch eingeflossen.

Als mein elfjähriger Sohn Jasper nach der Lektüre des Vorworts sagte: „Das ist ja spannend, dass will ich lesen", hatte ich Glücksgefühle. Denn es ist schwer,

NACHWORT

für junge Leute zu schreiben. Wenn ich müde war, schrieb ich kompliziert. Das weiß meine einzigartige, kluge Lebensgefährtin Konstanze Frischen am besten. Sie hat die erste Version komplett entschlackt, vereinfacht und präzisiert. Dr. Hanno Beck, der Autor des lesenswerten Alltagsökonomen, hat mich vor Fehlern bewahrt.

Die besten Gespräche über Grundfragen der Wirtschaft führe ich seit mehr als 20 Jahren mit meinem klugen Freund Martin Dahms. Ich darf für ein gutes Unternehmen in einer inspirierenden Redaktion arbeiten, die Wirtschaftsredaktion der Frankfurter Allgemeinen Sonntagszeitung. Das hat geholfen.

Frankfurt, im September 2007   Winand von Petersdorff

Ein paar Fachbegriffe

Aktie: Das ist eine Urkunde, die bestätigt, dass ihr Besitzer Miteigentümer einer Aktiengesellschaft ist. Meistens gibt es die Urkunde nur elektronisch und nicht als Papier. Einige Aktien werden an Börsen ver- und gekauft.

Angebot: Alles, was zum Verkauf angeboten wird.

Arbeit: Beschäftigung mit einem wirtschaftlichen Ziel, im Gegensatz zum Hobby.

Arbeitslos: Das sind Leute, die arbeiten wollen und können, aber keine Beschäftigung finden.

Arbeitslosenquote: Wichtigste Kennzahl zur Beschreibung der aktuellen Lage am Arbeitsmarkt. Es ist der prozentuale Anteil der registrierten →Arbeitslosen an der Gesamtzahl der zivilen Erwerbspersonen. In Deutschland sind registrierte Arbeitslose Arbeitssuchende zwischen 15 und 65 Jahren. Sie müssen sich beim Arbeitsamt gemeldet haben. Und sie müssen arbeiten wollen und können. Zivile Erwerbspersonen sind fast alle Leute, die arbeiten können, außer den Soldaten: Arbeiter, Angestellte, geringfügig Beschäftigte, Beamte, Selbständige sowie registrierte Arbeitslose.

Bilanz: Zum Ende des Geschäftsjahres müssen die Unternehmen aufschreiben, wie viel eigene Schulden (geliehenes Geld) und wie viel Vermögen vorhanden sind. Vermögen steht auf der linken Seite der Bilanz: Das sind die sogenannten Aktiva, die anzeigen, was dem Unternehmen gehört: Maschinen, Grundstücke, Gebäude, Fabriken, Fahrzeuge, Waren, Ersatzteile, Geld auf den Konten, Bargeld und so weiter. Auf der anderen Seite der Bilanz stehen die Passiva. Das sind zum einen Schulden bei Banken oder bei Lieferanten. Zum anderen steht das Eigenkapital auf der Passivseite. Die Höhe des Eigenkapitals kann man ermitteln, wenn man die Schulden vom Vermögen abzieht. Das Eigenkapital besteht aus dem Gewinn, der in den Jahren stehen gelassen und nicht an die Eigentümer ausgeschüttet wurde. Dazu kommen die Einzahlungen der Eigentümer.

Ein paar Fachbegriffe

Börse: Handelsplatz für →Aktien, andere Wertpapiere und Devisen (Geld verschiedener Währungen). Der größte deutsche Platz ist Frankfurt. Hier werden jeden Tag Aktien gekauft und verkauft.

Bruttoinlandsprodukt: Der Wert aller in einer Volkswirtschaft erzeugten Güter und →Dienstleistungen.

Dienstleistungen: Alles, wofür man meistens bezahlen muss, ohne dass man es anfassen kann. Putzen, Reparieren oder Beraten sind Dienstleistungen.

Dividende: Der Teil des Gewinns des Unternehmens, der Aktionären entsprechend der Menge ihrer →Aktien überwiesen wird.

Europäische Zentralbank (EZB): Zentralbank der an der Europäischen Währungsunion teilnehmenden Staaten. Die EZB passt auf, dass genügend Geld da ist, damit die Wirtschaft in Schwung bleibt. Und sie sorgt durch Geldpolitik dafür, dass die Preise nicht zu schnell steigen. Der Sitz der Europäischen Zentralbank ist in Frankfurt am Main.

Export: Alle Waren, →Dienstleistungen oder Gelder, die das Land verlassen.

Gewinn: Die positive Differenz zwischen dem Geld, das beim Verkauf einer Ware hereinkommt, und dem Geld, das für die Herstellung der Ware ausgegeben wird.

Hartz IV: Nach einem VW-Manager benannte Sozialleistung für Langzeitarbeitslose. →Arbeitslose werden zu Langzeitarbeitslosen, wenn sie ein Jahr lang ohne Arbeit bleiben.

Import: Alles, was aus anderen Länder hereinkommt an Waren, →Dienstleistungen und Geldern.

Inflation: Anhaltender Anstieg des Preisniveaus, verbunden mit einem Rückgang der Kaufkraft des Geldes. Meistens wird Inflation in Jahresraten gemessen.

Insolvenz: Das, was man umgangssprachlich als Pleite bezeichnet. Das Unternehmen oder die Privatperson haben nicht genug Geld, um die Rechnungen zu bezahlen. Bei Unternehmen kommt dann der Insolvenzverwalter, machte eine Liste aller Schulden und versucht durch den Verkauf von Teilen des Unternehmens Geld hereinzuholen, um es an die Gläubiger (Unternehmen und Privatleute, die noch Geld zu bekommen haben) zu überweisen. Manchmal führt der Insolvenzverwalter das Unternehmen fort, um so Geld hereinzuholen.

Konjunktur: Die Lage einer Volkswirtschaft. Gemessen wird sie durch verschiedene volkswirtschaftliche Größen. Der wichtigste Maßstab ist das →Bruttoinlandsprodukt. Die Konjunktur schwankt. Die Wissenschaftler sprechen von Zyklen, die die Wirtschaft als Ganzes betreffen. Sie weisen eine Regelmäßigkeit auf. Konjunkturzyklen bestehen normalerweise aus Aufschwungphasen (Boom), Abschwungphasen (Rezession) und den Tiefphasen (Depression).

Kosten: Alles, was man braucht, um ein Produkt herzustellen und zu verkaufen, wird in Geld bewertet. Kosten sind nicht nur Löhne und die Ausgaben für Rohstoffe und die Miete der Fabrikhalle. Bewertet wird zum Beispiel auch die Abnutzung von Maschinen.

Kredit: Geliehenes Geld, das man später plus Zinsen zurückzahlt.

Lohn: Geld für geleistete →Arbeit.

Markt: Der gedachte Ort, an dem sich Anbieter und Interessierte treffen. Das kann ein Marktplatz sein, ein Geschäft oder ein Internetauktionshaus.

Ein paar Fachbegriffe

Monopol: Ein Unternehmen, das den Kunden den Preis für ein Gut oder eine →Dienstleistung diktieren kann, ohne Konkurrenz fürchten zu müssen.

Nachfrage: Kaufabsicht.

Preis: Der in Geld ausgedrückte Wert eines Gutes.

Produktivität: Das Verhältnis von Anstrengung und Ergebnis. Die Produktivität ist niedrig, wenn jemand sehr viel einsetzt und wenig herausbekommt.

Rente: Die Rente wird Rentnern überwiesen. Finanziert wird sie aus den Rentenbeiträgen, die je zur Hälfte von den Angestellten und den Arbeitgebern gezahlt werden. Hinzu kommt ein Zuschuss des Bundes.

Rezession: Wenn das Bruttoinlandsprodukt in zwei Vierteljahren hintereinander schrumpft, spricht man von Rezession.

Sparen: Aufs Geldausgeben verzichten.

Steuern: Zwangsabgaben, die der Staat festlegt, ohne dafür eine konkrete Gegenleistung zu liefern.

Tarifvertrag: Schriftliche Vereinbarung zwischen Tarifpartnern zur Regelung der Arbeitsbedingungen. Tarifpartner sind die Gewerkschaften und die Arbeitgebervertreter einer Branche. Sie einigen sich auf die Löhne, Arbeitszeiten, Urlaubszeiten und andere Arbeitsbedingungen für die jeweilige Branche.

Umsatz: Einnahmen aus dem Verkauf von Gütern und →Dienstleistungen.

Wirtschaftswachstum: Zunahme des →Bruttoinlandsprodukts.

Zins: Preis für die Überlassung von Geld.

Winand von Petersdorff

Winand von Petersdorff-Campen, Jahrgang 1963, wurde in Hildesheim geboren und wuchs in Seesen am Rande des Harzes auf einem Bauernhof auf. Zum Journalismus stieß er während seiner Studienzeit in Göttingen als Mitarbeiter eines politischen Studentenmagazins, das er später leitete. Auf das Wirtschaftsstudium folgten zwei Jahre im Journalistischen Seminar der Gutenberg-Universität Mainz. 1991 wurde er Lokalredakteur der Frankfurter Allgemeinen Zeitung. Er baute die Wirtschaftsbericht-erstattung im Lokalteil aus und wechselte mit dem Start der Frankfurter Allgemeinen Sonntagszeitung in das Wirtschaftsressort. Dort ist er stellvertretender Ressortleiter und schreibt über Globalisierung, über Energie und über alles andere, was ihm auffällt und einfällt.

Er hat vier Kinder, die ihm häufig Geschichten abverlangt haben. Er hat dabei üben dürfen, wie man verständlich formuliert und dabei so packend erzählt, dass keiner gähnt. Winand von Petersdorff lebt und arbeitet in Frankfurt.

Die Anfänge des Illustrators Karsten Schreurs lassen sich in die frühen 90er auf den Schulhof zurückverfolgen, als der „MAD"-Fan seine Comics im Eigenverlag verkaufte. Die Auflage betrug fünf Hefte. Nach der Ausbildung zum „Gestaltungstechnischen Assistenten" arbeitete er fast neun Jahre in einer Viersener Software-Firma, bevor er sich mit GROBI Grafik & Illustration selbständig machte.

Weitere Bilder des Illustrators finden sich in seinem Online-Portfolio unter www.grobi-grafik.de.